桑沢洋子とデザイン教育の軌跡

桑沢文庫・4

桑沢洋子（1910—1977）

桑沢洋子とデザイン教育の軌跡

沢　良子＝編　三浦和人＝撮影

目次

桑沢洋子のほほえみ――沢 良子

インタビュー（五十音順）

朝倉 摂 *Setsu Asakura* …… 20
芦原初子 *Hatsuko Ashiwara* …… 25
飯塚春次郎 *Shunjiro Iizuka* …… 30
石元泰博 *Yasuhiro Ishimoto* …… 35
宇野亜喜良 *Akira Uno* …… 39
海本 健 *Ken Umimoto* …… 44
遠藤恭子 *Kyoko Endo* …… 49
勝井三雄 *Mitsuo Katsui* …… 54

神之村黒白子　Ayame Kaminomura 60
木村恒久　Tsunehisa Kimura 65
郡山 正　Tadashi Koriyama 70
近藤 英　Ei Kondo 75
坂野長美　Osami Sakano 80
佐藤忠良　Churyo Sato 87
嶋田 厚　Atsushi Shimada 92
白石勝彦　Katsuhiko Shiraishi 97
須賀攸一　Hirokazu Suga 102
田中美智子　Michiko Tanaka 107
豊田高代　Takayo Toyoda 113
中村圭介　Keisuke Nakamura 118
羽生道雄　Michio Hanyu 123
羽原肅郎　Shukuro Habara 128

針生一郎 *Ichiro Haryu* 132
福田繁雄 *Shigeo Fukuda* 138
前田晃子 *Akiko Maeda* 143
道吉剛 *Gow Michiyoshi* 148
皆川正 *Tadashi Minagawa* 153
向井周太郎 *Shutaro Mukai* 158
矢野目鋼 *Kou Yanome* 164
横山徳禎 *Yasuyoshi Yokoyama* 169
四本貴資 *Takashi Yotsumoto* 175

寄稿（五十音順）

海本小織 *Saori Umimoto* 182
大空淑子 *Yoshiko Ohzora* 185
金子 至 *Itaru Kaneko* 191
根田みさ *Misa Konda* 197
高山正喜久 *Masagiku Takayama* 202
田中 淳 *Jun Tanaka* 207
平野 久 *Hisashi Hirano* 212
矢沢宏司 *Hiroshi Yazawa* 217
矢野目八重子 *Yaeko Yanome* 222

桑沢洋子・デザイン教育活動関連略年譜
おわりに――小田一幸

桑沢洋子のほほえみ

沢 良子

　桑沢洋子は戦後、本格的に服飾界での活動を開始した。それは女性の自立をめざす戦後の状況、つまり終戦後の洋裁ブームと軌を一にしている。しかし桑沢の視点は、戦前の新建築工藝学院での体験、つまり「生活のための造形、人間をより高度に合理的に生かしてゆく生活様式」という理念との出会いに支えられ、楽々と洋裁ブームを飛び越えて、ものをつくること、考えることへと収斂していった。

　その視線の行き着くところに、昭和二九年（一九五四）四月の「桑沢デザイン研究所」（ＫＤＳ）開所があった。同年六月には、来日中のヴァルター・グロピウスが「桑沢デザイン研究所」を訪れる。そのとき写されたグロピウスと桑沢の写真は、極めて印象的であり象徴的でもある。桑沢は、グロピウスに穏やかなほほえみを投げかけている。モダニズムを基本としたバウハウスのデザイン教育理念が、「桑沢デザイン研究所」に実現されていることへの賞賛を、グロピウス自身から得たことに対する謙虚なほほえみなのか、もしくはその賞賛そのものへの誇りを示すほほえみであったのだろうか。

グロピウス訪問

日本のモダニズム受容と桑沢洋子との関係については稿を改めるが、桑沢は女子美術学校(現女子美術大学)で油絵を学んだ後、昭和八年(一九三三)に新建築工藝学院の門をたたいた。(櫻井朝雄『評伝・桑沢洋子』桑沢文庫3、二〇〇三及び巻末年表参照)新建築工藝学院とは、昭和六年(一九三一)に川喜田煉七郎(一九〇二―一九七五)によって開所された、日本で初めてバウハウスの教育システムを導入した造形学校である。そこでの「構成教育」を通して、それまでの芸術とは異なる「生活のための造形、人間をより高度に合理的に生かしてゆく生活様式」(桑沢洋子『ふだん着のデザイナー』桑沢文庫1、二〇〇四、六二頁、初版は一九五七年平凡社)を初めて考えたことが、桑沢とモダニズムとの出会いであり、後の桑沢のデザイン教育を特徴づける要因となっていく。しかし桑沢は、次第に川喜田のデザイン教育に、デザイン理論とものとを結びつけるための人間の実感が欠落していることを感じ取っていった。

「(前略)現在、私が考えてみると、この川喜田氏のところでなされた構成教育なるものは、その指導法に、あるいは受け入れる側の責任であったかもしれないが、大いに疑問に思う点がある。

というのは、どうもその頃の構成教育の場合、点や線や色彩という要素だけを安易に取出して、一そくとびに、ドレス・デザインや器物のデザインに結びつけて考えさせるような危険を感じたのである。また、解決法が、図解式でわかり易くしようとしすぎたところに無理があったのではないかと思える。

つまりすべての造形の基本となる、色彩、点、線、テクスチュア（触覚）等の造形感覚の要素を、人間の純粋な気持ちで卒直に理解してゆくところに、構成教育なるものの最初の段階があると思うし、次に、その理解した線や点をあるいは色彩を、最も合理的なメソードにしたがって美しく構成してゆく訓練であると思う。（後略）」（『ふだん着のデザイナー』六六頁）

桑沢洋子がここに示した指摘は、二〇〇五年の現在からみると、日本のモダニズム受容に関して極めて示唆的な内容をふくんでいる。それはこの文章が書かれたモダン・デザインの最盛期にあって、すでに桑沢が、モダニズムがときとして人間の感覚にしっくりと収まらないものを作り出す、「危険」の遠因を内包することを具体的に示しているからである。「危険」の遠因は、モダニズムの理念と実践との距離を、「一そくとびに」「図解式でわかり易くしようとしすぎた」ことにもある、この指摘に桑沢の卓越した造形感覚をかいまみる思いがする。桑沢のこの指摘から十年もたたないうちに、モダニズムのデザインが「無味乾燥」で「非人間的」と非難を受けるに至る経緯を考えるならば、桑沢は先見的に日本のモダニズムの欠点を見抜いていたことになる。

そのことをモダニズム自体に、人間の実感が欠落していたためと結論づけるのは性急に過ぎる。むしろ戦前の日本におけるモダニズム受容の一例が川喜田の構成教育に反映され、そこではモダニズムが機能と合理の理論とのみとらえられていたことに起因すると考えるべきであろう。引用にみるように、桑沢は自らの経験から組み上げた方法によって、モダニズムのデザイン理論とものの在り方を、人間の実感、桑沢のことばを借りるならば「人間の純粋な気持ち」によって結びつけ、日本のモダニズム理解を突き抜けていった。グロピウスは、桑沢の作品のなかに、画一的な機能と合理の理論だけでは生まれ得ない、つまり真正な意味でのモダニズムが実現されていることを賞賛し、桑沢はその賞賛に対して、謙虚にそして誇らしげにほほえんでいたのではなかったろうか。

桑沢は、デザイナーとしての活動と平行して、生涯をかけてデザイン教育に心血を注いでいった。そのデザイン教育活動が、桑沢の多彩な人脈に支えられた軌跡であったことはいうまでもない。今回、桑沢のデザイン教育を支えた多くの方々から、インタビューもしくは寄稿をいただきその軌跡をたどることができた。本書において、批判的な意見も含めて、桑沢洋子のデザイン教育活動の軌跡が浮かび上がることを期待したい。

二〇〇五年三月

本書のインタビューと寄稿は、桑沢洋子の初期のデザイン教育活動を中心に記録することを目的としたために、『桑沢デザイン研究所　十年の歩み』「教員年表」に基づいて取材名簿を作成し、そのなかで現在連絡の取れた方にご協力をいただいたものである。ご協力に心よりお礼を申し述べたい。掲載にあたっては、インタビュー、寄稿それぞれに五十音順とさせていただき、当時のご所属を記した。

インタビュー、寄稿は次の三点を中心に構成されている。

桑沢洋子との出会い

教育現場での指導理念

桑沢洋子、もしくは教育現場での思いで

●インタビュー原稿を起こすにあたっては、可能な範囲で語り口を残し、話のなかでの時間や場所のずれや違いについては訂正していない。寄稿についても、誤字脱字以外の訂正は加えていない。文中疑問な点などは、巻末の「桑沢洋子・デザイン教育活動関連略年譜」を参照していただきたい。

また、編集作業にあたって多大なご協力をいただいた方々には、ここに記してお礼としたい。

●インタビューテープ起こし

——岡田伊央、肴倉睦子、中牟田佳奈、原瀬浩紀、矢野日奈子、湯川詩子、横田直子

●原稿編集協力

——志郁匠子、平井公子

インタビュー

朝倉　摂／芦原初子／飯塚春次郎／石元泰博／宇野亜喜良
海本　健／遠藤恭子／勝井三雄／神之村黒白子／木村恒久
郡山　正／近藤　英／坂野長美／佐藤忠良／嶋田　厚
白石勝彦／須賀攸一／田中美智子／豊田高代／中村圭介
羽生道雄／羽原肅郎／針生一郎／福田繁雄／前田晃子／道吉　剛
皆川　正／向井周太郎／矢野目　鋼／横山徳禎／四本貴資

Setsu Asakura

朝倉 摂

あさくら せつ

●基礎造形分科会

佐藤忠良さんが、多摩川で寺子屋みたいな洋裁塾をやっていたんですね。佐藤忠良さんは友達でよく知っていましたから、「デッサンを教えてくれる?」っていわれて、その頃私も暇だったから、そこへデッサンを教えに行ったのがきっかけです。私たちが最初に洋子先生にお会いした時は、「桑沢デザイン研究所」というような名前ではなかったんです。とにかく畳の上でデッサンをやってました。畳の上にイーゼルをたてて、面白い風景でした。それから三十年ぐらい教えたんです。忠良先生より後までやってたんですね。造形大も教えてたんですから。造形大は、七〇年安保の時に機動隊を入れたんですね。それで、私と杉浦康平さんが怒ったんです。そういうバカな話はないんじゃないかって。そこで私は造形大を辞めたんです。その後は桑沢にはずっと行っていました。

洋子先生自体がね、デザインっていうのはベーシックなもので、ベーシックなことを教えるっていうことが一番望みだったらしいんですね。それで、洋裁の人もグラフィックの人も、みんなベーシックなデザインを同じようにした上で成立するというようなお考えを持っていらっしゃった。だから三年生になると、グラフィックの中のイラストレーションというのがあったわけです。それで私はイラストレーションのための絵画を教えていたんです。洋子先生のお考えっていうのは全部バウハウスでした。私もバウハウスがあるっていうことは知っていました。だけど専門家じゃないし、やっぱり教育者じゃない。洋子先生はすぐれた教育者だと思うんですね。デザインがどうのこうのという前に、エデュケーションの問題を考えていらした。どういうふうにエデュケーションしたら若い人はこうなるか、とかね。

今東京では、ほとんどの人間が田舎から出てきてるわけですね。それで東京で生活しているわけです。でも洋子先生は生粋の江戸っ子なんですね。あんまりグチャグチャしたくない方で、スパッとしていらっしゃる。私の生まれたところと環境がよく似ているんです。田舎の人というのは、東京人よりやっぱりモッタリしている。たとえば越後生まれの方っていうのは、とっても思慮深いし、よくいえば、物事を考えていらっしゃるんだろうと思うんです。でも私たちはそうじゃないんですね。洋子先生もかなり感覚的な方なんです。パッと思いつくと、それやらないと気持ちが悪いみたいね。だからよくわかるんです、洋子先生がなにを考えているかっていうのが。それから北海道の方は、割合とエトランゼみたいね。だから佐藤先生なんて頭がやわらかいと思う。いろいろこうして思い出すと、洋子先生は、お酒を飲むと泣き上戸なんですよ。そのへんにあるような雑巾みたいなもので、こうやって泣いちゃうんだけども。そういう感情的なところもある。だから面白いっていうのもあると思うんです。洋子先生みたいな感覚の方っていうのは、関西の人でもないし、東北の人でもないし、九州の方の人でもない。やっぱり東京の人だっていう印象が私には強いですね。私は下谷なんです。だからもう、お話してる事はよーくわかりますね。喧嘩っ早いとこもあるんですね。自分の好き嫌いが激しいですね。ただ感覚的に、機動隊を導入したということで、カーッと怒るわけです。そういうことを、パッパッとやれちゃうのね。嫌だと思ったら嫌なんです。だから決断も早いわけね。

桑沢デザイン研究所っていうのは、教育デザインの根底というか、立体的なものにしろ、平面的なものにしろ、即席じゃなかった。とても時間がかかることだと思うんです。ベーシックなものに対しての凝り方っていうのはすごかったですね。それから、あの辺の旅館を借りてね、夜中までデザインとはかくあるべきかっていうのを、いろんな人と話し合ったんです。ほんとに若かったんでしょうね、私たちも。もう寝るとかということよりも、デザインの問題っていうのを本気になって考えていました。やっぱりそれは素晴らしいことだと思います。

今の桑沢の教育は時代についてゆこうとする。時代を先取りしないと仕事はだめですね。なぜかっていうと、パソコンはパソコンでいいんですよ。写真機だって、どんどん発達していくんだから。パソコンとかそういうメディアをやるなら、完璧にそういうことをやって、でもこっちでもって完璧にマニュアルをやることが必要なんです。そういうことをやらないと、遅れていっちゃいますよ。例えば絵を描けなくなったら、パソコンで描けるかっていうと、そうはいかないですよ。自分がないとパソコンにはいかないわけですから。スケッチブック抱えてチョロチョロしてれば、みんなデザイナーになると思うわけ。そんなにデザイナーがたくさんいたってしょうがないですね。デザインをわかる人間をつくるっていうことが大事ですね。そういうことができてないと思う。そのシステムが日本は全然できてない。だからいま洋子先生がいらっしゃったら、もっと新しいこと考えられるだろうと思いますね。

［朝倉宅にて二〇〇四年一二月四日、インタビュー＝沢良子］

芦原初子

あしわら　はつこ

●教養分科会

　桑沢では一九六〇年の四月から教え始めたんですけど、その前までは『新建築』（新建築社）の編集をやっていたのです。それであんまり忙しくなって、主人がもういい加減にしてくれというもんですから、一応『新建築』は他の方に任せて辞めました。そうしましたら、浜口隆一先生が桑沢で英語の先生をもうひとり募集してるけど、桑沢に行って英語を教えてくれないかっておっしゃって。たまたま桑沢が家のすぐそばなんです。私は代々木上原に住んでて、それでバスか何かありまして、桑沢まで行くのは何でもないし、それで週に一度くらいだったらいいだろうっていう主人の許しを得まして、それで行きました。そしたら、神之村（黒白子）先生は津田塾大学で先輩だし。あのとき確か、桑沢デザイン研究所が人数を増やしたんじゃないですか。一九六〇年から。それできっと私が呼ばれたんだと思うんです。昼だけですけどね。

私の場合門前の小僧で、建築とか美術とかそういう関係の翻訳もよく頼まれていましたし、そういう環境にいましたから、比較的抵抗はなくて、浜口先生もちょうどいいからどうだろうっておっしゃってくださって。服飾の方は私はよくわからないのですけど、デザインの方でしたら易しい本もいろいろあるし、それで説明もできるんじゃないかと思って、それで楽しく教えましたよ。もちろんテキストは手作りです。一生懸命タイプ打ってこしらえました。

教室で教えるだけじゃなくて、私が桑沢で印象に残ってるのは、理論部会というのがあった。お部屋がひとつあって、そこへ講師の先生方がみんな集まるわけです。授業を待ってる間に、いろんな方にお目にかかって、それは大変面白かったですよ。村上一郎さんという、自殺した小説家の方とか、後の方で面白かったのは文化人類学の西江（雅之）先生。いつでも同じシャツ着ていらして、一年間同じシャツ着てるっていっていらっしゃいました。今大変活躍していらっしゃるけれど、あのころはまだお若くて、アフリカのお話も面白くてね。

桑沢先生にはよく通訳を頼まれました。いろんな外国のデザイナーや建築家が桑沢にみえました。勝見（勝）さんが連れていらしたり、渡辺力さんや清家（清）さんもよく連れていらっしゃいました。それで研究所でも講演会をしましたし、どこか会場を借りてやったときもあり

Hatsuko Ashiwara

ました。私は英語を津田で、それも戦争中に習っただけだったので、今の同時通訳の様に、耳から聞きながら、口から出すことはできないので大変でしたが、何とか曲りなりにやっていました。「今日の通訳はとても良かった」って褒められたことがあるの。どうしてかって聞いたら「みんながちゃんと笑うところで笑ってくれた。笑わすつもりでいったところでちゃんと笑ってくれたから、あなたがちゃんと訳してくれたんだ」っていうの(笑)。誰かは忘れちゃったけど、そういわれたのは覚えてますよ。

デザインでも建築でも、主な方たちがみんな桑沢デザイン研究所をバックアップしてらっしゃいました。素晴らしいことですね。そりゃ大変なもんですよ。武蔵野美大とか多摩美大があの頃どうだったか知りませんが。桑沢先生のご人徳で、桑沢先生が一種の女神さまで、有名ないろんなデザイナーの方々が彼女を囲んで。田中一光さん、亀倉(雄策)さんだって来ていらしたし、錚々たる方がみんな集まって、大変なもんでしたね。桑沢先生は非常に親しみやすい方でした。所長というよりは、良き先輩という感じでした。私達は盆暮にいつも何かいただいたりしたんですよ。ご自分でデザインしたゆかた地のスカートとか、ガウンをいただいた時もありました。月給が安いからと気にしていらしたから、それもあったのかもしれません。

先生は下町でお育ちになったからか、デザインの世界にいらしても、日本の古いしきたりを結構大事になさっていらしたのではないかと思いますが、お正月にはお鏡開きをなさって、丁度その日に授業があると、お汁粉をご馳走になりました。またご夫婦で住み込みで働いていらしたのが、北海道の炭鉱離職者で、にしんや大根、キャベツなどで、おいしいお漬物を地下室で作っていて、それをいただくのも楽しみでした。そういう大変家庭的な雰囲気があって、とても居心地の良いところでした。造形大に行くと、先生もそうはいかなくなりましたけれど。

私は昭和三五年から桑沢デザイン研究所にいて、昭和四十年に造形大ができるとすぐに行きました。それから二年くらいは教えにきてたんですよ。だけど造形大のほうも二日とか三日とかになって、研究所の方を辞めて造形大だけになってしまいました。

［神之村宅にて二〇〇四年九月一一日、インタビュー＝沢良子］

Shunjiro Iizuka

飯塚春次郎

いいづか　しゅんじろう

●ドレスデザイン分科会

桑沢先生のことは、私が一二歳の頃から知ってるんです。昭和一二年頃、銀座のおばのところから高等小学校へ行っている時分、洋子先生はそのおばの家の隣にいられたそうで。わかったのが後になってからなんですけど。

おばのうちが戦前、丸善の洋服部の専属工場だったんです。私はそこで見習いのようなことをしていたわけですよね。それで第二次大戦が激しくなったものだから、軍の学校のようなところに入って、それで卒業し即兵隊。帰ってきたのが終戦直後。それでまた丸善に戻ったんです。たまたま私の友人が丸善の洋服部の専属工場を始めていたんで、その友人から紳士物を教わりましてね、半分丸善に行ったり、工場に行ったりしながらやってたわけです。私は最初取得した技術が外套だったもので、バーバリー・コートは戦前は丸善しか扱ってませんでしたから、研究をさせられてたんです。それで丸善のレインコートの研究もして、それしながら今度は工場の指導員になって、各工場へ回って歩いていたわけ。そのときに丸善で婦人服部というのができたんですよ、で、そのときの婦人服部の部長さんの吉村ミスシ、デザイナーの先生ですけど、その先生が桑沢先生と女子美が一緒だったたんですって。それで婦人服の方も面倒見てくれ、ということで婦人部の方へ顔を出してるうちに、何か婦人物に魅力を感じたんです。それで吉村さんに言ったわけ、私に教えてくれよって。桑沢さんがまだ多摩川で教室やってるとき、吉村さんはそこで教えていたらしい。そしたら吉村さんが、「KDSドレス研究会というのがあるから、そこに入ったらどう？」といわれ、会社に事情を話し丸善を辞め、それでKDS（Kuwasawa Design Studio もしくは School）に入ったの。

外苑前でやっていて、まだKDSの研究会だった。学校は近くにありました。それでなんだかんだと二、三年やったのかな。桑沢先生が「ハルさん、相談があるんだけど、あんた、教壇に立ってくれない？」っていうわけ。「他のデザイナーの先生方はしゃなりしゃなりのお洒落着をやってるけども、私は作業着のデザイナーとしてやっていきたい。今の作業着は色気もなきゃ何もない、だけど私は、農村着にしても、全てそういうものに対して、お洒落なものを作ってみたい」と。それが婦人物の技術ではちょっと無理じゃないか、と。あの人には先見の明があったからね。作業着というのはやわなものじゃいけないわけでしょ。やっぱりしっかりしたものじゃないと。それで「ハルさんがやっていたレインコートの技術と、うちでマスターしていただいた婦人物の技術とをミックスして、技術を強力にしてくれないか」といわれたんですよ。「一番お願いしたいのが、桑沢の技術というものを作ってくれ。そのかわり、もし独立するときは私の名前を名乗ってもいい」っていうの。だから僕「ああ、いいですよ」って。それから学校の方も、初めて教壇に立ったのは昭和三四年だったかな。

生徒はみんないい子でした。昭和三四年から七十歳で辞めるまで、ずーっと生徒を見てきまして、一番最初扱った生徒が、年が多かったね。四十代くらいの人もいましたよ。当時の生徒はもの凄く熱心で、七、八人うちへ押し掛けてきたことがあるの。「学校は学校で伺います。自分たちでグループを作るから、先生また講師できてくれないか」って。それくらいの熱心さがあった。そういう話もありましたけどそれは断りました。私も工房の仕事をしてるし、学校に行ってる以上は責任があるんだ、と。ただし学校に来たとき、授業終わったらいいよっていった。

生徒に伝えたいことはありましたよ。やっぱり洋子先生にいわれた、桑沢の技術というものをたたき込んでやらなきゃいけない、と思って。だけどまだ全部を教えられたわけではありませんでした。時間が足りないんですよ。洋服屋の技術というのは十年かかりますよ。それをね、最初の時分はひとクラス十日あったんです。だから一日三時間としても三十時間でしょ。最後なんかはひどい、五日間ですよ。というのは五日間で十五時間だけど、そのうちの三時間で生徒に作り上げさせるんだから。作り上げた作品を今度は点数つけなくちゃならない。そうすると三時間とられて、だから十二時間であれを全部マスターさせようというのは、こりゃ酷ですよ。だけど残っちゃうとうちに持って帰ってきて、また全部縫ったんです。たとえばポケット作るとしますね。それでポケットが途中になるとしますね。それをうちに持って帰ってきて、ちゃんと完成させて、次の授業の時に持っていって、こういうふうにできあがるんだ、ということで見せて、納得してもらいました。

嬉しかったこともあった。何年か記憶がないんだけど、あのね、授業終わったの、そしたらね、写真撮ってくれっていうの。それで写真撮った後ね、何事かと思ったら、花束！　こんなにでっかい花束をね、「先生、どうもありがとう！」ってみんなしてね、頭下げたの。あーんな感激ないねぇ！　嬉しかったですねぇ、あのときは。天に昇るくらいねぇ。あのときの生徒だけは忘れられないねぇ。

［飯塚宅にて二〇〇四年八月三一日、インタビュー＝沢良子］

石元泰博

いしもと　やすひろ

●ビジュアルデザイン分科会

たしか桑沢デザインという名前がまだないとき、青山にアトリエみたいなところがあって、そこに中二階みたいな部屋があってね、小さい部屋で、そこに七人の生徒がいたの。桑沢洋子さんについては、その時は特別に考えなかったけど、今になると偉い人だったなぁと思うのね。亀倉さんの紹介で会ったのかもしれない。

自分はね、バウハウスの基礎がどうの、機能主義がどうのって、そういうことと一切関係なく、自分たちが学生のときに教わったことを、できるだけみんなに伝えたかったの。指導方針といわれても、学生の時教わった事がいいなぁと思っていたので、それをそっくり当時学生だった七人に伝えたかったのね。それが落書で始まるのよ。紙にもいろいろあるのね、ザラついたのも、つるつるのも。書く道具は、鉛筆でもペンでも、筆でも、竹を割っても、それは考えればいくらでもあるのね。その紙と道具で、どういう線がでてくるか。道具をどう使えばど

Yasuhiro Ishimoto

ういう線が生まれるか、そういうことを繰返しやっているうちに自分で会得する、というのが大切なのね。だから先生に「こうやったら、こうなる」「ああしたら、こんなになる」って教わることではないの。自分で感じ取ることであって。先生は全く教えてくれなかった。

自分で自分の感性を作らなきゃいけないわけよね。それがクリエイションというものの基礎だと思いませんか？　落書という訓練を続けるうちに、知らず知らずにいろんな問題を自分自身の思考で解決するようになるのよ。どうしても解らなければ、もちろん誰かに聞けばいい。ただ初めから誰からに頼りっぱなしとは違うのね。いい意味で融通がきく頭になっていくのね。自分なんかでも、卒業した時は、いってみればプロではなかった。様々なことに対応していくうちに、プロとして、また自分として、心と身体が素早く物事にリアクションできるようになった。個性というのは、そうした五感をフルに使った思考と行動の積み重ねののちに輝いてくるもので、生まれっぱなし、とはちょっと違うのね。

あの学校はそういう根本を教えてくれたんだなぁと、つくづく感謝しますね。時代の流れで（あんまりいい流れとは思いませんがね）、すぐさま役立つ訓練所みたいな学校になると淋しいね。今になって考えると、自分の悠長な「自分で会得するんだよ」なんていう、教え方を許してくれたいい研究所でしたね。

[石元宅にて二〇〇四年九月三日、インタビュー=沢良子]

宇野亜喜良
うの　あきら

●ビジュアルデザイン分科会

我々がいた日本デザインセンターの重役の亀倉雄策さんが、桑沢洋子さんと親交があったと思うんですね。それでたぶんその辺から指令がきたんじゃないかな。僕がセンターにいるとき、同室には木村恒久さんとか（田中）一光さんとかいろんな人がいたんですけど、そのほとんどが（桑沢に）行きだした。だからひょっとすると一光さんから話があったのかもしれないですね。とにかく全体を通して五回ほどじゃないかなと…。その頃の授業では、コクトー詩集を読んでそれをどうイメージするか、というようなことをやったことは覚えてます。で、描き上げたものについて批評したりしたんだと思います。

イメージから何かを描かせるというのは、教育的にそういう例があったかもしれませんけど、僕は知らなくて、自分がたぶんそういう方法論で描いていたんですよね。自分の殻にあった方法というか、それを他の人がやるとどうなるのかなって興味もあったんでしょうね。詩を

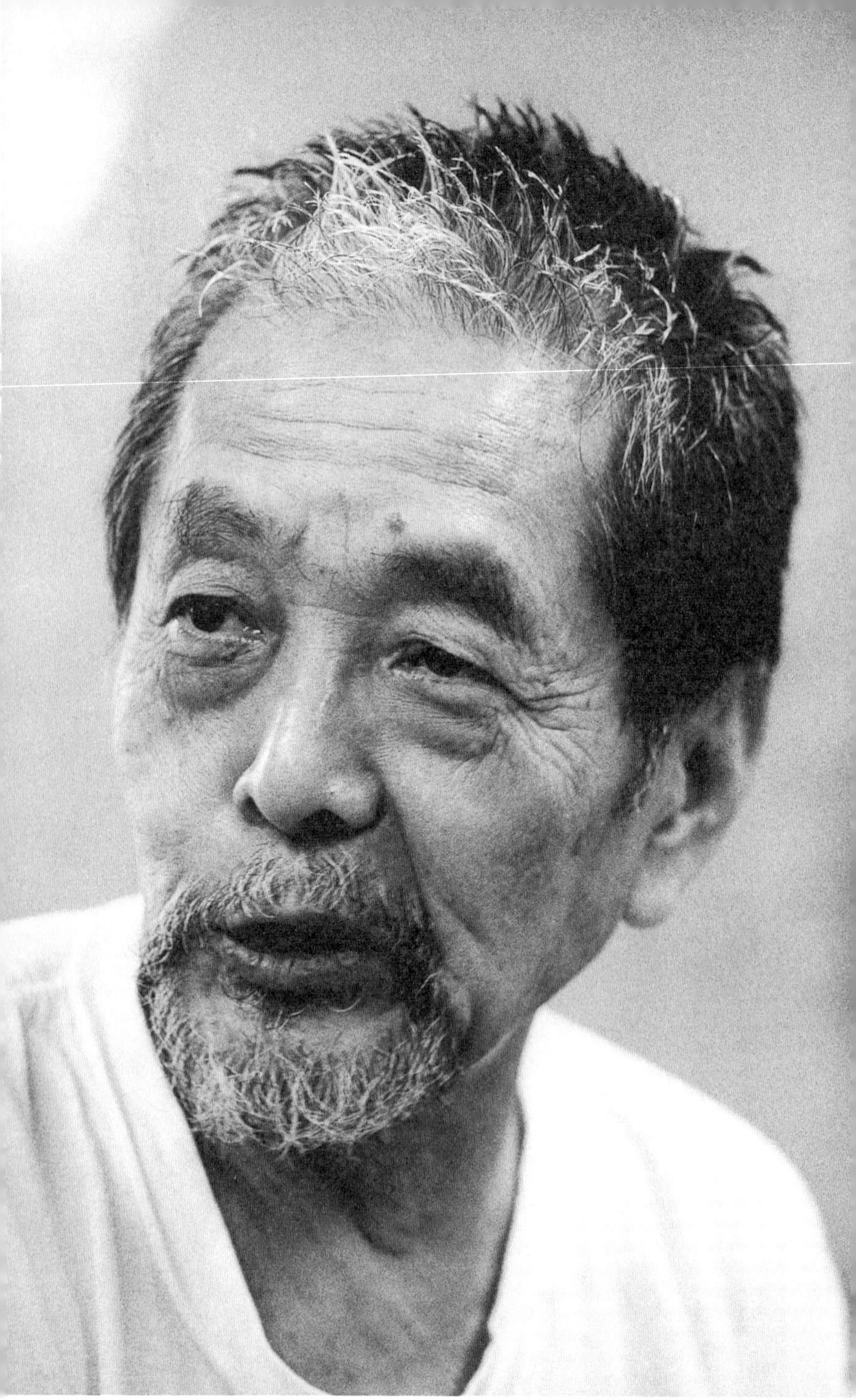

Akira Uno

絵にするというのは、絵描きがやっているでしょうね。そういうのではなくて、詩が一つの抽象的な世界で、それをさらにヴィジュアルにするときに出てくる抽象性というか、その表現と造形性の面白さですかね。

僕はデザイナーとしてデザインセンターにいたものですから、あまりイラストレーションを描いてないんです。それが一九六〇年代後半になるとイラストレーションが面白くなってきて、イラストレーターズ・クラブというのを作ったりとかして。たぶん社会の気分というか動き方みたいなものが我々に投影してきてるというのか。アメリカにプッシュピン・スタジオっていうのがありますね、あれもイラストレーションをデザインにうまく使うという感じがあって、横尾忠則君がすごく興味を持っていていろんな資料を持っていたんです。で、横尾君と昼休みに食事をして、こういう感じをやりたいなあっていうんで、二人でデザインセンターを辞めることを決めたんです。たまたまエレベーターの中にいた原田維夫君も誘って三人で辞表を出しちゃったんですよ。一九六四年ぐらいですね。オリンピックのころです。だから自分たちでイラストレーションの運動を興したっていう感覚もあるけれども、社会的な進み方をしていたっていう気がしますね。一九六四年ってどうして僕が覚えているかというと、草月会館でアニメーション・フェスティヴァルっていうのがあったんですけども、横尾忠則と僕と和田誠と三人が誘われてゲストで作品を作ったんです。それが一九六四年なんです。社会的にもイラストレーションが面白いっていう風潮があったんですね。桑沢に来た頃は、センターを辞めてませんから、その前、その辺ぎりぎりのところですね。そうすると一九六三年か六四年ですね。

桑沢洋子先生とは、お会いしてないんです。お会いしてないような気がします。

桑沢のイメージというと、学生運動が結構あったんじゃないんですか？　田中一光さんが桑沢から帰ってきて、桑沢のそういうムーブメントに触発されてデザインセンターでも絶対にやるべきだっていうのをいい出して、みんなで思案してプラカードを作ろうっていっていた時期があって…。

当時の思い出としては、たとえば映画のヌーベル・ヴァーグが出てきたりとか、そういう時代背景の中で、それから安保とかそういう時代の坂を登り降りしてたという感じは、自分の中の青春の一部分ではありますよね。

今思うと、デザインというのが、いろんな人たちに公平に使えるある機能、伝達機能なり生活機能なり、慣らしの作業だとすると、横尾忠則が出てきたことで、個別性というか個人の情感とかを表面に出すことで、なにか伝達性を持つようになった、その発想はとにかく新鮮だった。あのポスター集（『宇野亜喜良六〇年代ポスター集』ブルース・インターアクションズ　二〇〇三）に入っているものは、あの時代のある情念みたいなもので描いていて、デザインの普遍性とかみんなにこれが通じるっていうような伝達性を考えてないものだと思いますよね。

［宇野事務所にて二〇〇四年八月二四日、インタビュー＝沢良子］

海本 健

うみもと けん

●基礎造形分科会

私と桑沢の関わりは朝日新聞の三行広告です。『ライフ』のカメラマンの石元泰博先生が日本に桂離宮を撮りにきたんです。その時彼は日本に少し長くいたいと思ったんだけど、ビザの関係がいろいろあって、教育に携われば長くいられるかな、ということがあって。それで石元先生との出会いが、桑沢との出会いの始まりなんですよ。この人が教えるというから教わりたいなと思って、それで桑沢にいって実際に石元先生に一年間習った。その時に出会った先生たちが、桑沢の創立期のメンバー。

指導理念。それは一言でいえば全人的教育ですよ。その全人的教育をするための、あらゆるジャンルのことをする知的理解と感覚的感受性をドッキングして、それで総合的な物事を判断できるような、素晴らしい感性の持ち主を育てたい、と。そういう能力があれば、優れた発想も表現力も持てるようになるし、だから別にデザイナーになるためだけとか、私は思わない。

Ken Umimoto

造形というジャンルはデザインだけではない。アートの世界だろうが、工芸の世界だろうが、およそ人類がモノを作り始めた時代から、西洋文化も東洋文化も含めてモノを作ってきた文化の歴史を見ていくと、いろんな文化には素晴らしい人間の知恵とか創造の努力が残ってるわけですよ。我々はそれを見ることができる、知ることができる、その中に素晴らしい知恵がありますよね。それで芸術やデザイン教育等の造形教育の中で感性を育てる事の大切さがいわれますが、「あなたは感性教育をどういうふうに捉えて、自分の感性をどういうふうに育ててますか」と聞くと答えが出てこない。ということは教える先生が、自分で創作していなければ駄目だということなんですよ。なんでもいいから他人の真似でない一つは必ずやれと。自分が作り出したいものを作り出す努力を絶えずしている人じゃないと駄目だ、と。つまりそういうことが一つ、信条的にあるんですよ。

だから私は絶えず作り続けています。写真、実験映画、ビデオや絵画、グラフィックデザイン等による表現活動に挑戦しているわけです。そういうふうな自分が教えるときには、学生自身がそういうふうになってもらいたい、というふうに教えている。だからクリエイティヴィティという言葉があるけども、素晴らしいヴィジョンとか、素晴らしいイメージとか、素晴らしいイマジネーションというものを持っている人というのは、人間として素晴らしい人だなあ、と絶えず小さいときから思っているわけ。あの人のようなことはできない、じゃあ俺は何ができるかな、っていうところでいろいろやり出す、モノを作り始めたわけです。小学校以前かな。それが延々と今でも続いているわけです。それとね、私は親父が外交官だったのでブラジル生まれなんですよ。それで六歳くらいまでの間に、太平洋を三回渡ってます、船で。だからその時に得た大宇宙、大自然。空の青、海の青、トビウオが跳ねる、海は、朝から夕方まで、もの凄く色が変わる、そういうすごい環境の中で一ケ月、日本まで帰ってくるのに。そういう体験があって、宇宙が好きで、色が好きで、ブルーだけじゃなくて、ありとあらゆる色が反応するようになった。だから私が色彩研究家になった原点はそこにあるんですよ。

私が今日あるのは、石元先生のおかげだと思いますよ。石元先生に写真術を学んだのではないんです。石元先生にモノの見方を教えてもらったの。写真術の入り口は教えてくれるんですよ。で、あとは「お前、考えろ」ってことになるわけね。

桑沢の初期には、しばらく勉強して、気心もわかってきた頃に、「今度はあの人の話を聞きたい」とか思うじゃない。そういう時期に、年間授業のカリキュラムとは別に、学生達の希望を生かして、日曜日に特別講師として来て頂いた先生方…例えば、ガラス工芸の型を創作され

た淡島先生、オリジナルな織機を開発された柳（悦孝）先生、また、生活空間における機能美を追求され、日本独特の素材を生かした椅子のデザインで有名な剣持勇先生、その他、当時デザイン界で活躍された創造的な先生方のお話は、学生達の造形活動、デザイン研究に大きな刺激を与えました。学生が本当にこの人の話を聞きたいと思うような学校だったから、すごい学校だよね。

自分が造形をするときに、こういうことは逃したくない、こういうことを大事にしたい、という信念がある。桑沢を出た人たちは、それぞれが自分にそういう信念を築いていったんだと思う。学校だけじゃなくて、社会に出て、それから自分が人を教えるようになったり、いろんな経験を積んでるなかで、桑沢を出た人たち皆さんが自分を築いていった。自分を築けた人たちが、世の中でいい仕事を残している、と僕は思うね。

［渋谷セルリアンタワー東急ホテルにて二〇〇四年九月七日、インタビュー＝沢良子］

遠藤恭子

えんどう　きょうこ

●ドレスデザイン分科会

洋子先生の作品に初めて出会いましたのは、私が関西で京阪神急行にお勤めしていた頃なんです。衣生活について少し疑問に思っていたときに、『婦人画報』とか『婦人朝日』に、強烈なインパクトある先生のコメントや作品が出たんですね。その頃の私の周辺で働く人の服装を見ますと、無味乾燥なものか、あるいはアフター・ファイブに着るような華やかなものだとか、そういうものがほとんどでした。そのなかで、洋子先生の非常に知的で無駄のない作品に出会って、感激しちゃったんですね。もともと少し洋裁をかじってましたから、こういう先生について、ぜひともお勉強をしたいと思い、すぐに勤めを辞め、下宿も引き払って上京しました。そして、そのときはまだ桑沢の研究所は青山にできていませんでしたから、前身の多摩川洋裁の技術研究科に入れていただいたんですね。一年目は技術研究科、二年目は研究科で、二年間をそこで過ごしました。その時に根田（みさ）先生と大空（淑子）先生にお世話になったわけです。三年目に桑沢研究所が青山にできたので、そちらに移りました。今度は夜のデザイン科に行きまして、それと同時に、昼間は桑沢先生のお手伝いをいたしました。生活デザインのお手伝いをした時に、徳永八重子先生、今の矢野目八重子先生にお会いしまして、この三人の先生方には大変お世話になりました。

洋子先生の一番の思い出というのは、性格が下町的というか非常にざっくばらんというところですね。洋子先生をはじめとして、(佐藤)忠良先生とか朝倉摂先生も同じくざっくばらんで、お仕事はもちろんですけれど、夜の授業の後「ちょっと下で一杯やらない?」といった感じで、私も一緒にそういう席に出させていただきましたが、そんな時も洋子先生は、かっこよくグラス片手に私たちの話を聞いてくださったり、デザイン画に手を入れてくださったり、非常に親密にね。私たちは下宿暮らしで味気ない生活でしたけれど、先生方から精神面でのエッセンスをいただき、食事もまかないの方がいらしたものですから、心身ともに充分潤って、今思っても豊かな青春時代を過ごしたと思います。それから洋子先生の素晴らしいところというので、ぜひこれを申し上げようと思ってたんですけれど、海のものとも山のものともわからないような私達若い者を、引き立てるというか、育てるというか、最初から何ら差別することなく同等に接してくださったということですね。『婦人朝日』とか『婦人画報』それから『装

Kyoko Endo

苑』、そういうところにいつもお供させていただいたんですけれども、単なる鞄持ちというだけではなく、いろんな体験をさせてくださるんですね。いきなり黒板に「スタイル画かいてごらんなさい」とかね。宮内洋さんとかがスタッフでいらっしゃるんですよ。そういうなかでね、そういうことやらされたり。その時は力量不足ですから、ただお供でついていってるだけなのに「先生、そういうことやらせて」なんて不満に思っていましたが、後で考えると、それが実は大変なお勉強になっていたのだと思います。それから、その頃はコンクールが盛んで、『婦人朝日』での主な仕事というのは、コンクール前後の処理や審査のお手伝いでした。とりも直さずそれは審査の過程をずっと見せていただくということなんですよね。いろんな作品が全国から集まってきて、それを仕分けして、コンクールに入って、先生方はどういうものを高く評価されているか、ということをつぶさに見せていただけることですから。私たちはアルバイトしながら、お勉強させていただいたわけです。一人前でない者を一人前として扱っていただいた。またアフター・ファイブでも必ず飲み歩くんですが、スタッフと共に私どもも一緒に連れていってくださるの。ああいう場にいくと、先生ご自身も楽しく、若い者も一緒になって和気あいあいで、それは桑沢の内も外も同じでしたね。学生に毛の生えたような者を引き立てる、引き立てるという気持ちがなくても、自然に先生の包容力に魅力を感じて、私たちはいつ何時に召集令状がきても、「ハイッ」って飛んでいってね。洋子先生の一番大きな魅力というのはそういうところじゃないかなと、今しみじみ思っております。『朝日新聞』のお手伝いをしたときも、深夜になると「送ってあげて！」なんていって、この二十歳代そこそこの若者を『朝日新聞』の旗の立った車で送っていただいて。そういうところはね、非常によく気が付かれる方で。これは駆け出しだとかインターンだとかいう差別を一度も感じたことはございませんでした。文字通り教え育てる偉大な教育者だったとつくづく思っています。

基礎本科では、一回目の本科の担任をさせていただきました。私は一番若手だったので、アシスタントの近藤英先生、豊田（高代）先生とか徳永八重子先生に至らないところを助けていただいて。どちらかというと、教えるというより教わることのほうが多くて、貫禄なんか丸つぶれ。「先生」なんて名ばかりで、生徒さんの方が経験豊かで知識もあるし、洋裁店を経営してらっしゃるとか、大学を出てもう一度桑沢でという方とかばかりだったんですよ。だから私の精神は、共学共遊。一緒に旅行したり、お勉強も共に学ぶという姿勢でした。偉大な教育者のもとで貴重な体験をさせて頂いたことを、何物にも変え難く、感謝申し上げております。

［遠藤宅にて二〇〇四年一一月二五日、インタビュー＝伊藤櫻子］

Mitsuo Katsui

勝井三雄

かつい みつお

●ビジュアルデザイン分科会

僕は教育大の高橋正人先生の構成学を卒業し、確か専攻科で研究している頃でした。その構成学科は、デザインのベーシックな理論と実践を学ぶところで、いわゆるヴィジュアル・デザイン、プロダクト、建築等あらゆるデザインに関わる基礎的理論、基本の表現といったものを教育の根本においていた新しい学科でした。四年生になって美術評論家である勝見勝先生が来られたんです。あの頃勝見先生は大変お忙しかったけど、高橋先生とは友人関係だったのでみえられたんですね。それから勝見先生に、写真に特別な興味があるので紹介をお願いし、石元泰博さんに面通しをして頂いて、それから写真ができると見てもらうためにしばしば訪れました。その頃石元さんはシカゴから帰られたばかりで、新宿の大辻清司さんの暗室を借りていた関係で、大辻さんを知る機会を得ることにもなりました。それでちょうど専攻科にいるときに、高橋先生の代講で青山に教えにいったんですよ。そのときの生徒が海本（健・前東京造形大学学長）さんとか白石勝彦さんで、そういう第一期の人たちは遙かに僕より年上なんです。それで汗かきながら教えて（笑）。短い期間でしたが。その頃たまたま桂離宮の撮影でぬけた石元さんの代講もやりました。翌年、僕は味の素に入って、桑沢デザイン研究所も渋谷へ移り、そのとき以後少し授業を持つことになったんですね。

僕は桑沢デザイン研究所では今活躍している人々との接点もありますが、東京造形大学時代の方が遙かに思いが多いです。桑沢先生はすごくフランクで非常に闊達で、教授会などがあると必ず一杯飲み、おおいに盛り上がり歓談しました。お酒が大変お好きでしたね（笑）。もちろん会議が終わってからだけどね。それがまた楽しいんですよね。その時代は、桑沢さんを中心に自由に話せる雰囲気がたくさんありましたからね。

僕は教育大で教わったことの延長で、できるだけ基礎的なことと、デザインの実践的なものとの接点をどういうふうに結ぶか、ということを教えたように思います。だから、いわゆる基礎的なトレーニングが、実際のデザインの現場の表現にどうやって実践的に結びついているか、とか。そのため桑沢デザイン研究所が建学の背景にしているバウハウス教育の原点と時代性をどうやって結びつけていくか、ということを主体に考えていたように思います。あくまでも造形教育の原点であり、今世紀の初めのデザイン教育を出発させたバウハウスの持っている良さというものをいかに…。今のグラフィックデザインを通じて、その当時の印刷、オフセットの問題とかいうもののなかに、デザインと表現がどのように生かせるかと。若い情熱を自分なりに傾けたように、今も思い出しますが、何か貢献できたんじゃないかなという気がしますけど。桑沢は非常に贅沢な学校だと思った。桑沢さんには求心力がありましたね。だってね、現場でとにかく活躍している一流の人たちが寄り添って。不思議なんですよ。あれだけの人が献身的に関わりをもっているだけでも大変なことだと思います。学長をサポートしたいという気持ちが満ち満ちていた。あの方のファッションに対するものの考え方の根底には、いわゆるデザインのポピュラーな市民運動みたいなところがあったことを、多くの人々が感じてたのも事実でしたから。生活改善はデザインの原点だと僕も思ったんですよ。そういう気持ちにみんなが共鳴しながら、フランクで魅力のある洋子先生に集まってきたんじゃないかと思うんですけどね。

洋子さんはなかなかお酒が好きだから、飲んで楽しいなあ、という人だった。強かったんですよ。それに学長という感じではないからね。何でも話せる、という人だね。それに高松（太郎）さんがサポートするという名コンビでした。造形大ができたときの初年度の大学案内の集

皆川 正
勝井三雄
村岡景夫
石元泰博
佐藤忠良
桑沢洋子
清家 清
勝見 勝

昭和41年(敬称略)

合写真に、洋子先生を中心として勝見勝さん、佐藤忠良さん、皆川正さん、石元泰博さんとか各専攻の主任がいて、なぜか後に僕がいるんですが、それがすごくかっこいい集団に見えるんですよ。各分野の人々が、有名だから選ばれたというのではなく、考え方がストレートな人たちが、ふんわりと立っている、自然体にいるという感じがあって、なかなか良い写真でした。それまではみんな戦前にできた美術学校がいくつかありましたが、バウハウスの影響は多少あるにしても、本来的に日本化させて日本の美術教育という形で存在しなきゃいけない状況のなかに、全く新しいデザイン教育の場を作ろうときっかけを作った人達ですよ。各種学校だから良かったということもあるんですよね。文部省の縛りが少なくて、他の大学を出た人でも自由に入れるといった空気があって、どんな専攻でもいい、と。バウハウスは随分多くの人々が世界中から集まったけど、そういう環境が初期の桑沢デザイン研究所にはありました。初期の時代に関わった僕は非常に若かったし学生と変わらない歳でも、それほど違和感がなく、少々遠慮気味ではあるけど、それでも今考えればあそこによくいられたなと思う。研究所の第一期生から数えて東京造形大学の二期生の卒業までの一五年ほど、永くお世話になったことになります。まさに僕のデザイン創成期真っただ中の時代でした。

［勝井事務所にて二〇〇四年八月二六日、インタビュー＝沢良子］

Ayame Kaminomura

神之村黒白子

かみのむら　あやめ

●教養分科会

桑沢デザイン研究所に高松太郎さんという方がいらしたでしょ。彼がね、私の松本時代に、妹の友達のところに遊びに来てたんですよ。そこで知り合ったの。それで、なんとなく東京へ来ても会ったのかな、友達として。東京で私は用賀というところに間借りをしてた。そのころは家なんて全然ないからひどい間借りよ。普通の家だけど、隣の部屋が、引き戸で隣なの。二部屋開けたら大変なことになっちゃう。そこに『婦人画報』の記者が夫婦でいたの。それで桑沢先生に、私確か『婦人画報』でお目にかかったことがあるの。それで偉い人だと思ってたから、今だってそうだけれども。それを覚えてる。私はそのころ子供を産んで、赤ん坊がいたわけよ。それでしばらく経ったら、確か太郎さんからだったと思うんだけど、桑沢先生が学校始める、それで新しい考え方だから、女学校出ても英語をちゃんとやらなくちゃいけない、というんで誘われたんですよ。学校が始まる前ですよ、桑沢デザイン研究所が。それで英語をやることになっちゃって。私もお金に困ってたから（笑）、そのころは大変貧乏だったのよ、みんな。それで母が一緒にいてね、だから赤ん坊を見てくれるから、一週間に一度くらいやるんならいいって。それで、私でよろしければ、ということになった。

その頃、日本はいろんな面でずっと遅れてた。アメリカは洋裁作るのに、いっぱいテキストがあるのよ。日本だって簡単に作れるのあるじゃないですか。うちの主人も英語をしゃべってたもんだから、あのころは英語がしゃべれると、いろんなことに使われるの。会社では、アメリカ人が奥さんと一緒に来るでしょ。それで男の人は困っちゃうわけよ。それで私はそういう場に出されたわけ。そういうときに話題に出すの、アメリカでそういう本はありませんかって。素人が洋服作るような。そうするとすぐにくれるの。それをもとにしてすぐ教科書を作っちゃった。タイプライターを打てば良いんだから。私の手作りの教科書でね。だからリビング・デザインの本なんか、私が勉強しなくちゃなんないけど、バウハウスとか、建築とかなんとか作ったの。真面目なんですよ（笑）。

私ね、随分勉強しましたよ。だって全然違う世界だもの。私が出た津田塾大学というところは、英語の根本をたたきこむところだったから、必死よ。他の先生がしゃべってることは全然わかんないんだから。そういう教授会にでるのはどういうもんかと。だから私、勉強は一番人生のなかでしたかもしれません。だって教えてくれる人がいないんだから。読まなくちゃ。
私のクラスなんて、四五歳なんて方もいましたから。子供が三人いるとか。四回生に坊主がいて、それがクラスをまとめてたの。怖いのよ。もし生半可なこといったら、やられちゃうのよ。山田脩二、脩ちゃんというのはね、夜中の二時頃私の家にやってくるのよ。一年に一度くらい。それでね、しょうがないでしょ、このあいだやっとね、「先生やっぱり、電話もかけないで二時ころ来るのは失礼なんでしょうか？」なんて（笑）。誰かにいわれたんだろうか。私、わかるのよね、男ってね、どこかに愚痴りたい。だから私、明け方くらいまでずっと黙って聞いてる。そのかわりお酒も出してやらない、お茶も出してやらない。そうするとね、散々しゃべったら帰っていくの。大変というより、しょうがないと思って、私は何にもいわない。だけど私、お医者さんにまでいわれたわね。お医者さんがね、神之村さんは先生してたから、黙って聞いてくれるからいいって。お医者さんも愚痴いってた（笑）。

覚えてること？　やっぱり桑沢では勉強でしたよね。バウハウスとかはまだ当たり前じゃなくて、知らない人が多くてね。私もまるでわかんなくて、読まなくちゃわかんなくて。その本持ってるのが…橋本（徹郎）さん、あそこにはいくらでも本があって、拝借して読んで。学校にもないんだもの。学校も貧しかったなあ。最初のころ、図書館なんて当然ないわけ。それで桑沢先生は、自前でやってらしたでしょ。それでそんな高い月謝でもなかったでしょ。だから私が朝授業してると、先生が「目が覚めちゃう」って。先生は教室と同じところに寝てらしたんじゃないかしら。

それと、私が覚えてるのは、卒業式だと思うんだけど、先生はみんな二回並んだの、床が落っこちちゃうから駄目って。卒業式を二度にしたの。それくらい安い…今じゃ考えられない。それが一番強烈ね。怖かったわよ。専門家が言うんだから怖いじゃない。確か青山ではもう一回越してない？　その後が渋谷。それで渋谷のときにね、まだ半分しかできてないのに入学試験やったの。

［神之村宅にて二〇〇四年九月二日、インタビュー＝沢良子］

木村恒久

きむら　つねひさ

●ビジュアルデザイン分科会

桑沢先生とは頻繁にお目に掛かったことはないんですよ。桑沢でグローバルな総合学習をやるということで、ご協力頂けないか、という形から始まったと思いますね。桑沢さんから直接の話だったように思いますね。あとで造形大に助教授としていくときは、勝見勝さんが自宅に来られて説得されたんですね。それで造形大に入ったわけですが、それから桑沢の講師とかいうのは一切時間がなくなりまして。

桑沢での授業は、基本的には意味論ですね。デザインをやったときから、人は意味の生産者だ、というのが設定であって、ロラン・バルトが『モードの体系』（佐藤信夫訳、みすず書房、一九七二）で述べるように、ファッション・デザインとは言語意味論と同義です。具体的なテーマでは、デザインが発生する社会的背景とか、動機を説明するわけですね。現代の状況に合わせて。デザインはカルチャーモデルと市場モデルの関係概念であって、一つの単位として存在

Tsunehisa Kimura

しているわけでもない。アートと違うのはそこです。カルチャーモデルと市場モデルの相互浸透性互換性を読み尽くすということですね。意味っていうのはこの関係概念から生まれる。意味論を授業で教えて行くきっかけとなったのは、やはりバルトの『モードの体系』の影響が大きい。フィールドの経験ですね。

桑沢さんはパワフルな方だなあという印象が強いですね。ファッション・デザインという概念が成立していなかった時期に、学校を経営して自分もクリエイティヴでいるってのは大変なことですよ。非常に主体性、独立性の強い人ですから、アパレルメーカーに寄りかかる今の状況とは大違いですよ。基本課題はライフスタイルでしょう。ライフスタイルがなかったらファッションという概念は成立しない。当時はまだ終戦の気分が残っていて、独自のライフスタイルの確立っていう意識は希薄です。だからファッション・デザイナー自らのライフスタイルを主体的に確立しなきゃいけない。モードの主体的な選択の基盤は自己のライフスタイルにある。自己のライフスタイルは、思想の趣味化ではなく、趣味の思想化でしょう。バルトもいうように、ファッションはイデオロギーなんですよ。今のアパレルのファッション・デザイナーっていうのは思想の趣味化なんです。当時は主婦がミシンを踏んで、リサイクル（リメイク）としてのファッションのイメージが強かったでしょ。それがベーシックになって、生活としてのファッションが急速に拡大する。

デザインという言葉が定着しはじめるには、大きなきっかけがあります。一九五八年かな、松下幸之助がアメリカのマーケットに視察に行って羽田空港に帰ってくると、マスコミが取り囲んで、「初めてのアメリカはどうでしたか？」って質問する。そしたら松下が「これからはデザインの時代でっせ！」って。その時までデザインって言葉はなかったんだよね。付加価値といっても解らない。そこへデザインという新しいキーワードが出てきたんですね。松下孝之助というのはデザインの本質をよく知っている人でね。万博がありましたよね、一九七〇年。出品は何ですかと聞かれて、「松下はでんなあ、豪華なカラーテレビ出品しまんねん」と言ってるんです。それでね、「お父ちゃんが肩落としてドブ板踏んでわが長屋に帰る姿を豪華なカラーテレビで観せまんねん」。消費者とはこういうおっさんじゃないかと。デザインは記憶でもあって。で、戦後の長屋では桑沢さんがミシン踏んで、せっせと新しい発想の女性の服装を縫ってた。その姿がカラーテレビで映し出される頃は、過去の記憶です。

松下の言葉ではないが、ドブ板踏んでね、亭主が疲れて帰ってきて長屋の戸を開ける、「帰ったでぇ」。そしたらお母ちゃんがミシン踏んでいて、「ちょっと待って、まだもうちょっとでできまんねん。あんた先食べとってや」と。そういうライフスタイルから、戦後の近代ファッションが生まれます。デザインの根源にあるのは、そういったはるか遠くから呼びかけてくる、懐かしさの記憶でしょう。

[白金高輪にて二〇〇四年八月二四日、インタビュー＝沢良子]

郡山正

こおりやま ただし

●基礎造形分科会

鹿児島一中の教師をしていたとき、美術部を作りました。そこに小田一幸君が部員として入部してきました。小田君はお菓子屋さんの息子さんで、美術部で展覧会を開催した時、お菓子で作品を作り出品しました。面白い子だなぁと印象に残っていましたが、今度は夏休みに東京へ行き、帰ってくると「先生、東京に素晴らしい学校があります」と目を輝かせて報告しました。「何という学校？」と尋ねると「桑沢」と答えが返ってきました。その小田君が今や桑沢学園の理事長ですから、私には感慨無量なものがあります。

私は昭和一五年に東京美術学校（現芸大）の油絵科を卒業して、母校一中の美術の先生になりました。しかし戦時中のこと、文部省は音楽と美術の先生を、物理化学の先生にしようとしました。そこで私も広島の文理大学に行き、四ケ月の物理化学の長期講習を受けました。もともと物理化学など大嫌いな私でしたが、同大学の立派な教授方から専門的に科学のことを教え

Tadashi Koriyama

られて、そのすばらしさに開眼したのです。この科学的追求の方法は、私の画業に役立つばかりでなく、新しい創造への土台になると悟ったのです。これが私の形の研究の始まりでした。しかしその頃になると中国での日本軍の戦闘は、ますます拡大し、私は三度も赤紙（召集令状）をもらい、三度目は南支の戦線に参加し、そこで終戦を迎えました。ところが文部省は戦地から復員した教師は、もう一度、資格をとりなおさないと、もとの教職にもどれないとして、美術の教師には「デザイン」という新しい領域を学ばせるため京都大学で講習を受けさせました。この時の講師が勝見勝先生でした。勝見先生とのこの出会いがなかったら、私と桑沢は全く縁がなかったと思います。勝見先生の講義に感動した私は、進んで先生に近づいてゆき、私の形の科学的研究のことを話しました。先生はじっと聞いていましたが、最後に「それは面白い研究だ。ところで今鎌倉で大学の者数名で〈フォルムの会〉というのをやっているから、是非そこで君の研究内容を発表しなさい」といわれました。そこで私は鎌倉へ行き、〈フォルムの会〉のメンバーの前で、研究の目的や内容を発表しました。そしたら皆が良い研究だといってくれたのです。この時、勝見先生は私を桑沢に呼ぼうと思われたようですね。鎌倉から帰って数日後、授業の最中に電話があり「勝見だが、君は東京に来る気があるか」といわれるので、「行きたいですが、何時までに御返事すればいいですか」と答えると「今、ここでだ」とのこと。まだ鹿児島にいましたが「ハイ、では行きます」と答えてしまいました。家内には相談もせず、先のことは何も考えませんでした。

さて東京へ出て桑沢に勤めてはみたものの、家内と娘二人を呼び、借家住いとあれば、桑沢の非常勤だけではとても食べていけません。そしたらね、丁度、女子美術大学の方で、桑沢と同じような造形学科という新しい科を作ろうという話があり、そこからお呼びがかかりました。女子美ならば少しはいいかなと思い、承諾の返事をし、これを勝見先生に報告したところ、本気で怒られました。「せっかく君を桑沢に呼んだのに、すぐ女子美に行くなんて何ということだ!」とね。「イヤー、先生、食っていけないものですから、桑沢の授業はそのままやりますので、女子美に行かせて下さい」と拝み倒しました。そんなわけで私は、本職は女子美になりましたが、桑沢との関係は切れておりません。授業はずうっと出ていましたから。その後デザイン学会が始まりますね。私は毎年発表していますが、それは自分の勉強だし、勉強しただけのことを発表してゆけば、誰かのお役に立つだろうと思っています。桑沢での私の授業内容も、だいたい同じ内容のものでした。

桑沢洋子先生の思い出といえば、叱られたことですかね(笑)。なにしろ桑沢が呼んでくれ

たのに、すぐ女子美の方に鞍替えしたので、渋谷の喫茶店に呼び出されて、面と向かって叱られました（笑）。いろいろ思い出はあるのですが、この印象は強いのです。

初期の桑沢で私が非常に良いと思えるのは、まだその頃は各部の先生方が同じ部屋にいたことですね。そのため佐藤忠良先生や朝倉摂先生などと親しく話ができ、とても私にとってプラスになりました。あれはとてもよかったなぁ。桑沢がもとあった場所にもどると聞いていますが、それは本当にうれしいです。あそこは入口が坂になっていて階段があり、土門拳さんが車椅子で上っていく光景が昨日のように思い出されます。

［郡山宅にて二〇〇四年八月二一日、インタビュー＝沢良子］

近藤 英

こんどう えい

●ドレスデザイン分科会

二年ほどドレスの勉強をして、その後、制作は続けていましたが、時代の流れの中で、もっとアートとの結びつきとか、何か考え方が違うのではないかと自身悩んでいました。その時、桑沢洋子という方が研究所を開いておられることを聞いたのです。以前の勉強から十三年、その空白を経て研究所に入った時の素晴らしいものに出会えたという自分の中での輝きと感動、それはこうしてお話しても想像して頂けないくらい大きいものでした。

まず学生として昭和三一年に、ドレス科に入りまして、卒業と同時に研究所のスタッフに加えて頂きました。それから三十年余りを研究所と共に歩いて来ました。その道筋は決して平坦なものではありませんでしたが、日本のデザインが興隆期にさしかかろうとする時代に、桑沢洋子先生のもとに集まられたデザイン界・学界の優れた方々が、これからのデザイン教育の理想に向け、情熱を傾けて試行錯誤されている場に居合わせ、強烈な刺激を受けることができたことは、私の人生にとって、非常にラッキーなことでした。

昭和三六年頃までドレスの分野の授業に出ていましたが、三年次にテキスタイル・デザインのコースを設けることになり、そちらに移ることになりました。はじめは四本貴資先生の指導を受けながら、順次染色の授業を担当していき、テキスタイル・デザイン・コースのディレクトと共に最後まで続けました。それと三年次の被服各論の中で、日本風俗概論の講義を担当しました。当時学生たちは洋服には興味をもちながら、日本の伝統衣服である着物の生活があったことを全く切り離していましたから、日本の近代の衣生活について、特に素材、文様、着こなし、その辺りを庶民の生活を中心に、短い時間数でしたが、授業を持っていました。それから近代デザイン史、建築から平面までを含んだ総論的なところで、その勉強は大変でしたが、とても充実しており、私のたずさわるデザイン教育の精神的な支えにもなりました。これは長期にわたって仕事をさせて頂いた教養分科会の先生方との出会いによってデザイン史に興味を持ったことがきっかけで、最終的に一五年余りゼミナールという形に授業を持つことにつながったのです。

ゼミで取り上げたテーマとしては、一八五一年の万博をスタートに、アーツ・アンド・クラフツ運動からアール・ヌーヴォー、バウハウス、二十世紀初頭のアメリカのデザイン、その辺

Ei Kondo

りをやっていましたから、各々の年度の学生たちとの話し合いの中で進めていました。なかなかきつい授業でしたが、やり甲斐がありました。

強烈な思い出はいくつかありますが、ひとつは研究所創立十周年でしょうか。その式典には、当時のデザイン界・教育界その他大勢の方々が出席されました。その式典の所長挨拶の中で、桑沢洋子先生が、造形大学設立をはじめて発表されたのです。私たちは心の中で拍手を送りました。当時、女性のおかれた社会的立場は、今とは比べようもなく低かった時代に、研究所を創り、当時未開拓の分野であったデザインの大学を設立する。来賓の一人として祝辞を述べられた大塚末子先生が、感動のあまり涙声でスピーチされたのが印象的でした。同じ学校経営者としての女性の立場から、桑沢洋子先生の、重責を担いながら自分の理想に立ち向かう果敢な意志と行動力に感極まられたのだと思います。それだけに先生が乗り越えて来られたご苦労も多かっただろうと思えるのです。その造形大学創立に込められた私たちの願いは、研究所と大学、学生を含めて交流するデザイン教育のユートピアの実現だったのです。

記憶に残っている学生はたくさんいます。私が担当したのは基礎の勉強を経てきた三年目の学生たちで、造形的な理解力は早く、人数も多くて一五人位。特にテキスタイルを選んだ学生たちは、意志が強く個性的な人たちで、実習作業では果し合いの感がありました。専用の教室もない中で、一年間苦労しながら、もの作りに励んだ経験を共有した間柄ですから、学生はほとんど覚えていますし、充実した思い出の中の一人一人の像は鮮やかです。

研究所に対する思いは、何か時代を切り開いていくような、そういうものを見つけだして、学生も先生も一緒に燃えるような思いで勉強する、そういう学習の場ができればいいなあと。夢のようなことですけど。

これからの展開は、全く一八〇度変わるかもしれませんね、デザインのイメージに直結しがちな産業とか、売れる売れない、ファッション性などをひとまず脇において、限りある資源と爛熟した感性の渦巻く中で、これからの人間にとって本当に必要なデザインとは何か、その辺りを思い切って探っていくのも、ひとつの切り口かもしれません。

服というのは素材がまずあって、それをどう造形するかですが、その素材の重要性は、その服の目的や着る人の年齢によっても変わりますが、視覚的なものと感触（風合）のバランスだと思います。そして使い込むことによって、その人の一部になることができるのです。

［桑沢デザイン研究所にて二〇〇四年八月一七日、インタビュー＝沢良子］

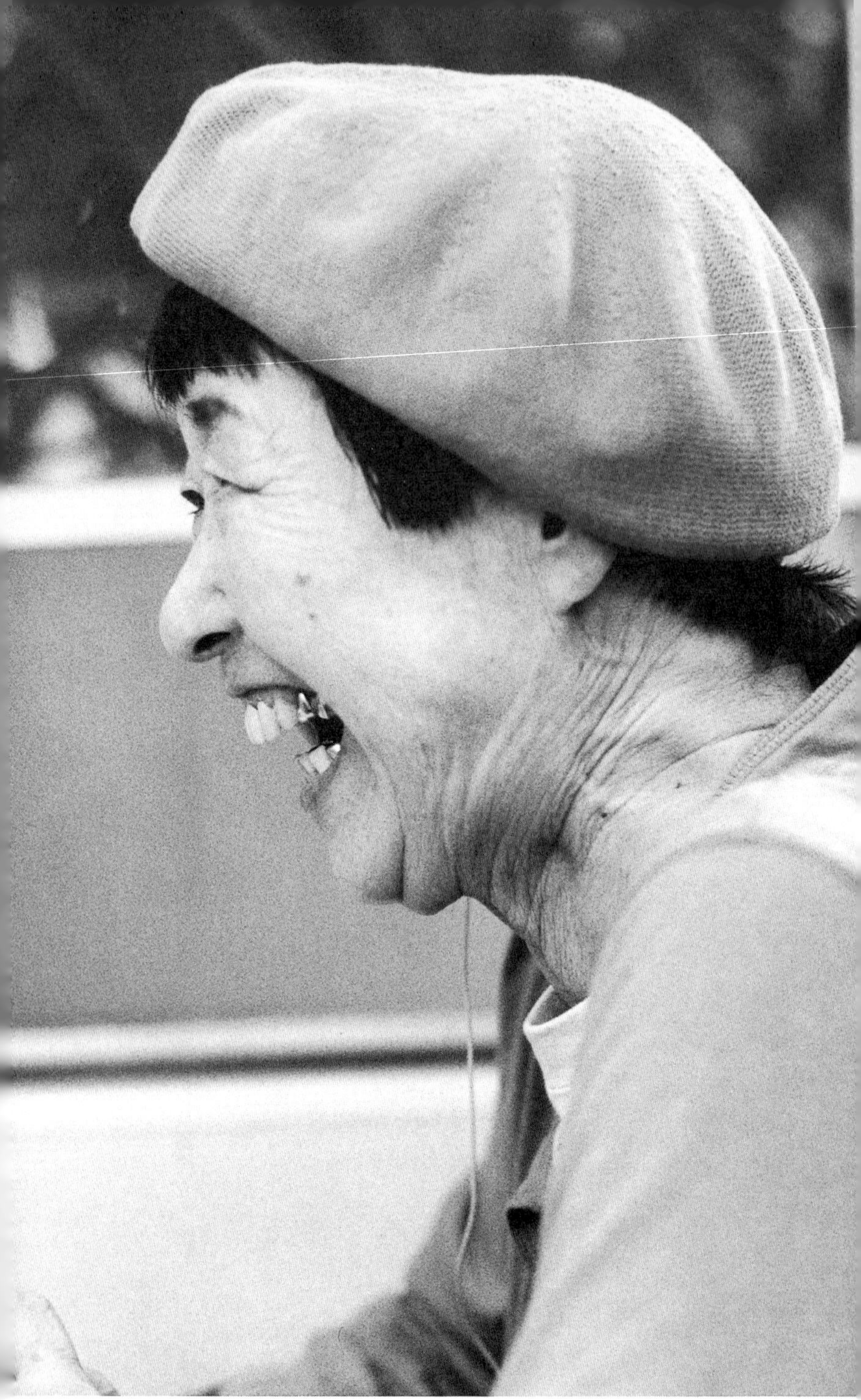

Osami Sakano

坂野長美

さかの　おさみ

●ビジュアルデザイン分科会

あの頃は、今にして思えばデザイン牧歌時代とでもいいますかね。まず学生時代からですが、わたくし横着しまして、夜型なのを口実に午前中の授業には一切出なかった。社会科などのレクチュア中心の授業でしたけどね。すると卒業間近になって、ご担当の林（進）先生が、レポートを出したらそれによってはハンコ押してあげるとおっしゃってる、と先輩スタッフの田中淳さんがいってこられた。で、早速レポートを書いて提出しましたら無事パスして卒業でき、同時にそれを田中さんが面白がって推薦してくれたお陰で、学校に残れということでスタッフに雇ってもらえたわけなんです。実はどうにかデザインの全体像がつかめるような勉強ができたのは、その後の教職員時代のようなもので、体のいい三年間留年だったと称してますけどね。

その前段階として、私の故郷は高知ですけど、まだ戦後も占領時代の価値混乱期で前途を模索していた当時に、勝見勝先生が『芸術新潮』に書かれた桑沢紹介記事がそもそもの契機でした。それまでバウハウスのことも多少は聞きかじっていたけれど、その創始者のグロピウスが初めて来日、桑沢も訪ねて「日本のバウハウス、東西の架け橋を見出した」と絶賛されたこと。「まだ海のものとも山のものとも解らないけれど」、何とか育ってほしいものだ。そのためには協力を惜しまない…というような主旨の記事でしたが、これだ！と光が射した思いでしたね。それにもともと、桑沢洋子先生のデザインと考え方はいちばん好きで、お人柄にも憧れていましたし、この先生のやろうとされている学校なら間違いはないということで。ただしドレスではなくリビング志望なので、地方都市のアタマの古い両親説得にはひと苦労でしたよ。

最初の一年は助手ですから、何を担当というものでもないけれど、二年目に志望して担当させてもらったのが、一つは佐藤忠良先生のデッサンで、これはリビングでは選択科目だったけれど自分でも勉強したかったから。もう一つが浜口隆一先生の、写真とグラフ誌編集を結ぶというユニークな講座です。自分で好き勝手にテーマを決めて写真を撮り、最終的には文章も書いて編集するというもので、一年目は「ジャーナリズム・コース」といっていました。実はまだ写真科もできていない時代に、これからのデザインには不可欠な写真を何とか授業に取り入れよう。かつ写真だけに専門化するのではない総合的視野で、写真の使い方を理解させよう…という一石二鳥型でしたが、教務側にはこれまた海のものとも山のものともつかないとしてもっぱら不評。これは面白いと飛びついた私も同じでしたが、学生側の反応は良く大いにノッてきたと思い出します。次年度には「フォトジェニック・デザイン」と呼び変えて、物置改造の暗室もできたりで、もう一つ写真寄りになった辺りで退職しましたが、これも後の写真科確立の上でのささやかな布石となったのではないでしょうか。

洋子先生ご自身、非常にフリーな人間性の持ち主で、どんなに相手が若くても、縦ではなく横のおつきあいを成立させてくださるような方でした。学生も当時は年齢や経歴もさまざまだったし、新米助手の私なんかメじゃないような感じでね。だから指導方針なんて言われても、そんなのあったかな？　というような。山田脩二さんてご存じ？「カメラマンからカワラマンへ」と言われて有名人ですけどね。彼、私の助手一年目の担当クラスで、脩ちゃんグループと呼ばれてた先生など睥睨してるような連中の、何か事あるごとの異議申し立て代弁者でもありました。そのグループが卒業制作展のとき、いきなりフロアの真ん中に陣取って盛大に酒盛りを始めたんですよ。徹夜明けのこちらも仲間に入れてもらいたく、しばらく周りをうろついたけれど、まるで無視されてしまったりしたものです。四半世紀の余も経って、彼のことをさるサインのデザイン専門誌に書かせてもらったとき、その話持ち出してようやく積年の恨みを晴らしたりしましたけどね。

たとえばある日の夕方、洋子先生がひょこっと教務室に顔を出しまして、「坂野さーん、あたしの机にトリスがあるわよー」っとおっしゃるんです。「ありがとうございますー」ってお礼言ってから、先生がお帰りになった後で、「♪抜き足ー差し足ー忍び足ー」なんて大声で言いながら校長室に入りまして、ほんとにトリスが机の上にでーんと置いてありましてね。「ありがとうございます」って頂戴して、教務室に帰ってきて、「みなさん戦利品ですよー」って、「わー」っと。一介の助手にもそんなふうに接してくださる方だったんですよ。

研究所の思い出としては、極め付きが六〇年安保ですね。始めのうちはスタッフが学生を動員してデモに参加しましてね、私などももっぱら歩かされる方で、ジグザクデモなんてのでくたびれましたよ。その時、プラカードというものがどれもコピーは「岸止めろ」の絶叫調で、書体も絶叫をそのまま視覚化したような荒っぽい殴り書き。どうも汚くてデザインの学校らしくないと、コピーも「岸さん止めてください」と丁寧に（笑）。文字も明朝体でキチンとレイアウトする…などと、スタッフ会議で方針を立てた。そのグッドデザイン・プラカードも、確か当初の二度ほどは出動したと思うけれど、あの熱狂の中では何だかひどく頼りなく霞んで見えたわけですね。そのうちデモ自体がだんだんにスタッフから学生主導になりまして、そうするとプラカードも「岸止めろ」の絶叫調殴り書きにみごと逆戻り。挫折感もあれば、やはりこういう状況にはこれでなくては合目的的ではないんだな、と再認識させられたりもしました。私、浜口先生にはその後、長年師事するご縁を得まして、やはり開拓的業績を挙げられたサイン領域に首を突っ込んで今に至ってますが、サインとデザインでは微妙に違うコミュニケーションの機微みたいなものの、一つの原体験という意味でも忘れがたい桑沢時代最終年でした。

一九六〇年といえば、東京で世界デザイン会議も開かれた年。デザイン界の関心は会議とデモでバッチリ二分されていたと言いますか。先生方の間でも、「デザイナーは職能を通じて社会に関わるべきだ」「いやデザイナー以前の一人の市民として社会と向き合わなくては」というように見解二分していて、洋子先生は前者の立場をとられていたけれど、デモ参加者の自由意志は尊重されていたようです。あの時、樺美智子さんの事件があった六月一五日にも、その直前まで国会議事堂前の座り込みをやったりしてたんですよ。桑沢を辞めてから、ちょうど一年目のその日に一人で国会周りをデモってみたりしたことがあります。たまたまこの間に池田首相の所得倍増計画が始まり、政治の季節が一挙に経済の季節に切り替わったような時期で、あの熱気がケロリと醒めたような森閑とした国会周りに何だか複雑な気分でした。

その後はデザインも、もっぱら経済成長路線とともに歩んで来たような今日ですが、あれで確定した安保体制とは、現在のイラクや沖縄に、そして憲法改正論議でもやはり今日に続く問題だということで、その時桑沢も燃えたことを記憶にとどめておいていただきたく思います。

［桑沢デザイン研究所にて二〇〇四年八月二五日、インタビュー＝沢良子］

佐藤忠良

さとう ちゅうりょう

●基礎造形分科会

僕はね、桑沢洋子先生って知らなかったの。ただ、シベリヤから帰ってきてから、呼ばれてね。鶯谷の駅のすぐそばに石鹼工場があったの。そこで、初めて桑沢先生にお目にかかったの。デッサンだったら、佐藤忠良がいいんじゃないかと、おだてていってくれた人がいたらしいんだね。それで「デッサン教えてやって」ておっしゃられてね。洋裁を教えるとこだって聞いて行ったんで、「スタイル画のようなものは、僕は描けません」ていったの。洋裁学校だったら、一年か二年ですぐ間に合うようなスタイル画のようなものを描けばいいように思うのが、普通の考え方でしょ。そしたら、「そんなんじゃなくていいの。自然をよく観察して描写する方法をやってくれればいいの」って。こりゃ変わった人だなと僕は思ったの。それが桑沢さんとの最初の出会いだったね。

その後、外苑前に教室ができた頃、新入生を一つのとこに入れられないんでね、狭くてね。それで、桑沢さんと僕が、半分ずつ二階と一階に分かれて、入れ替えて入学式の挨拶をしたの。

桑沢洋子っていう変わった女性と知り合いになって、亀倉雄策だとか写真家だとか、いろいろ知り合いになったんだね。今から考えるとすごい人だったんだね、みんな。桑沢洋子ちゃん、洋子ちゃんって、手伝いに来ていた訳。グラフィックデザイナーとか、工業デザイナーとか。今考えると、一級品が多かったですね。あの頃、教授会のようなもの、七、八人でやっているときね。僕はご承知のように、粘土しかいじったことないからね、新しいデザインの言葉なんて知らないの。驚く話しばっかりだった。そういう意味では勉強にはなった。今、振り返ってみると、ホント財産だったね。すごい人たちばかりで、何いってんだか、さっぱり分かんないの、難しくて（笑）。だんだんに分かるようになったけど。今になってみると、すごくやっぱりいい人たちに巡り合って勉強になったね。

何を描かせたかというと、スケッチに行って、自然、写生させたりね。風景描いたあと、学生がお互いモデルになりあって、人体を描くとかね。何かの模写をやるちゅうことはなかったね。手本も何もないしね。変な手本を見せるんだったら、自然の方がよっぽどいいからね。

いい日本画の線っていうのは、本当にすばらしい、強い線ですからね。しかも、自然をすっかり写生してでき上がった一つの形なんですよ。我々職人が見るとね。そりゃ、教えられたん

Churyo Sato

でしょうけど、徒弟制度のようなもんだからね。だけど、ほんとに線の強さ、自然をよく観察して、失敗して失敗して、こんちくしょうと思いながら、でき上がっていった線です。僕なんかから見るとね、今は芸術になりすぎていて、すごく心配なの。自然をよく観察して、描写して、自然に蹴っ飛ばされて、悔しがって、もう一回やり直すちゅうことが無くなってるね。昔の僕達の先輩の絵でも、外国の絵でも、やっぱり自然がもとになって、いかに写実をして、ダ・ヴィンチ、ミケランジェロになるか。あれ、徒弟制度ですよ。そうでなけりゃね、個性だ、爆発だっていってもね（笑）。お師匠様も自分の秘密を全部、長い間かかって、ちゃんと仕込んでってるはずですよ。その中で、ほんとに精神の少し高かったやつがね、ミケランジェロだったり、ダ・ヴィンチだったり、ラファエロだったりするんですよね。日本だって、日本画だって、住まいだって、徒弟制度の中でね、親方がほんとに技術をきちっと教えていたはずです。

僕もね、桑沢デザイン研究所も造形大学も始めた内の一人になる訳ですよ。最初の彫刻科は、一五人募集のとこ、初め九人しか来ないんだよね。授業料が足りないでしょ。で、第二次募集したら、笹戸（千津子）が受けに来たんですよ。ようやく、三人か四人採って一二人ぐらいにしてね、授業料要員に採ったんです。それがあの人なんですよ。当時は先生も学生も一緒だったね。だから入学式の時、桑沢さんの後に挨拶したときね、PTAもみんな来てるんですよ。「日本の美術大学始まって以来、これほど、ひどい学生が集まった歴史はないでしょう。今後もおそらく、ないだろうと思う」っていったの。「だけどもね、みなさんね、うんと素直になってやってくれ」と。四年間やって、だまされたと思ったら、腹の底から怒れるはずだしね。いいこと少しでもあれば、感謝してもらえるかもしれないから「みんなで一所懸命、これから四年間やろうじゃないか」って、これが僕の最初の挨拶。

自分たちで創った学校でしょ。桑沢さんと何人かでやった学校だからね。初めの雰囲気とはやっぱり、すっかり変わっちゃったですね。私なりの物指しで見るとね、いくらか経営主義になってるんだね。先生も学生も違ってきているね。我々は先生という立場に立たせられていたから、先生なんだけども、ほんとに、学生も先生も一緒だったね。やっぱりね、一緒だった、ほんとに、気持ちが。

［アトリエにて二〇〇四年八月三一日、インタビュー＝沢良子］

Atsushi Shimada

嶋田 厚

しまだ あつし

●インテリア・住宅分科会

一九五四年、桑沢ができた年に僕は大学を卒業してるんです。そのときに、師匠の清水幾太郎さんに誘われて、開学のパーティに来たことがあって、それが桑沢に足を踏み入れた最初です。清水さんは、桑沢で何度か特別講義をしていたんですよ。それで清水さんのかわりに、僕とゼミが一緒だった林進くんが代理で入った。僕は別の大学院に行っちゃったんです。それで彼が桑沢の専任で入ったんです。その後、なにかと話しにきたりしたことがあって、だから一九五四年から縁はあったんです。それから僕はいろいろ曲折があって、桑沢にきだしたのはちょうど一九六〇年。それから二年くらいして、専任で入ったんです。

桑沢さんには随分可愛がってもらったなあ。まだこっちは学校出たてでしたから。僕は酔っぱらって、彼女とダンスしてね、足がもつれてガラスに手を突っ込んで、掌を怪我したとき付いてきてくれたり。月に一度くらいは渋谷で飲んだりして。桑沢さんもお酒がお好きでね。彼女に教わって今でも思い出すのが、「嶋田さん、飲んで寝た時は枕元にサクランボかブドウを置いておくといいわよ」って。つまりすこし酔いが醒めたときに、サクランボとかブドウは、そのままで食べやすいっていうの。「あたしよくやってんのよ」っていってたのを今でも良く覚えています。

昭和二九年頃、インテリたちはほとんど革新陣営というのかな、社会党派が圧倒的に多かった。桑沢洋子さんも大の社会党ファンですよね。つまりアメリカ的なものへの一種の反発。資本主義の弊害みたいなものを、みんなよくいっていたし。商業主義というのがよくない、平民的なものは非常に好きだけれども、なんでも大量に売ってしまって、そのためにモノを作っているということへの反発が、デザイン関係の先生にも圧倒的に強かったんです。桑沢さんももともと、ドレスとしては普段着、それから労働着でしょ。それがその当時、ベースにあったんです。受験勉強でこんなにたくさんデッサンしてきた、ということを誇りに思ってた学生もたくさんいた。美術大学を受ける感じできた人もいたわけ。とくにグラフィック関係はそういうのが多かった。それがそうじゃないんだ、とIDあたりが文句をつけた。ここはデザイン研究所でしょ。デザイン中心という意識が強かったから。

桑沢さん東京の下町育ちで、えばってるのが嫌いなんですよね。やっぱり大衆的、民衆的なものを重視した。最初のドレス科は百人ぐらいかな。リビング科のスタートは多分二十人かそこらですよね。圧倒的に少ない。それが十年で、あれよあれよと大きくなっちゃって、リビング科の中が分かれてきたわけです。グラフィックになったり、インテリアができて、写真が加わり…。IDなんて最初、三、四人じゃないかな。ちょうどその頃、美術出版社の『リビングデザイン』(一九五四―一九五七、後に『デザイン』と改称)という雑誌ができて、その中心がほとんど、桑沢デザイン研究所の先生たちとだぶっているような人たちですよ。だから、生活のためのデザインという意識が非常に強かった。ただ民芸と違うのは、二十世紀の機械を拒否しないでやっていこう、という…量産というか近代的機械生産、だろうね、そういうことを考えていたんですよ。だからそういう意味ではロマンティストというよりも、すごく進歩的な姿勢というのが強かったんです。デザインというのは進歩的なもんだ、自由な社会主義の核なんだ、という空気があった。

格別な思い出ってことはないけど、桑沢さんって「都々逸」うたえるんだよね(笑)。僕はいっぺんそれを宴会の席で聞いたことがある。あんなモダンな方が、そういう要素も持ってたんですね。教員の会で「グスの会」というのがあったんですよ。「グループ・オブ・スケール」。毎年旅行をしてたんです。常勤、非常勤がはっきりしない時代がずっとあった。親しかった方に声をかけて、かなりの教員が「グスの会」の会員になったんじゃないかな。僕も入ってすぐ入れてもらって、何年かいってましたよ。初めていろんなデザイナーとか写真家とかと実際におつき合いするようになったのは「グスの会」からですよ。それだけに本当に面白かった。桑沢さんはそういうことが非常に好きだった。要するに桑沢デザイン研究所の良いところは縦割りが全くなかったことですね。

学生を高尾山に遠足に連れて行ったこともある。面白かったのは泉真也君のアイディアでやった、「夢の島」への見学。公害問題なんてのも初めからやっていた。大学の一番まずいところは、固定した教員ばかりが縦でやってるから駄目なんだよ。ここはどんどんいろんな人が来て、粟津（潔）さんにしろ、杉浦（康平）さんにしろ。そういう意味ではバウハウス的な要素があったでしょうね。理論系でも若い人がかなり来ていて学生と仲良くなったり、教えるデザイナーの方も若かった。朝倉摂さんなんか、話しながらあぐらかいちゃったり。そういう寺子屋の広がったような要素があった。それが桑沢さん的でもあって、「都々逸」が出てもおかしくはない、という面が多少あったですよ。

［桑沢デザイン研究所にて二〇〇四年九月二日、インタビュー＝沢良子］

白石勝彦

しらいし　かつひこ

●インテリア・住宅分科会

青山学院大学で建築をやっていたんです。今建築科はないんですけど、昔あったんです。青学を出てから七年、八年くらい、いろいろいろんな仕事をやってました。だいたい二八、九か三十くらいで桑沢に入ったんです。大学を出てからは、米軍の…私はたまたま岩国にいたんで、岩国の基地に行ったもんですから、そこで基地の仕事をやっていて。で、どうしてもデザインの勉強をしたいということで東京に来て、初めてリビング・デザインというのを本で知ったんです。『婦人画報』をたまたま見て、「桑沢デザイン研究所」のリビング・デザイン科というのが面白いからっていって、仕事も辞めて受けて。昼間の一期です。卒業してからすぐ助手になって、一応、五年か六年、学校で教えました。

桑沢洋子先生のイメージ、そうですねえ、難しいですけど。やっぱりあれだけのことをやれた人という、デザインだけじゃなく建築のこととか非常に幅の広いことについてやっておられた。それでいろいろな思いとしては、普通のデザイン学校じゃないんだということが、入った

Katsuhiko Shiraishi

ときの印象としてありますね。

学校に行きながら橋本徹郎先生の事務所にいたんですね。そこでだれか色彩の先生を教えてくれっていうんですが、私も女子美で色彩を教えてたんです。ですからこちらへ来てすぐ、色彩をやってほしいといわれて。橋本さんの後を引き継いで色彩のことをやって、いろいろと色のことだとか、中学校で先生をしたりしたこともあったんですね。そのときにも図画工作を教えたこともありますけど。そういうことで、色彩には非常に関係があった。

学生時代からバウハウスのことは知っていました。いろんな外国の本を見て、バウハウスのことだとか、アメリカのデザインの人たちのことも知っていて、このように勉強したいと思いました。ただの美術学校じゃなくて、その当時デザインというと美術系か工業系かどちらかだったんですね。工業でもないし、美術でもない、デザインというのが非常に面白いということで、特にリビング・デザイン科というのが私にはすごく魅力があって入ったんです。グロピウスが桑沢にみえたときも、新聞で見てね、こんな凄い人が来てるんだってことは知ってました。

私にとっては、非常に大きな影響力といったものがありました。デザインというものが全然違うものだということがわかった。それは、今までの美系とか工業系の関係ではない社会性というのが、デザインというのには非常に大事なんだ、ということを覚えたんです。それが私に大きな影響力がありましたね。たとえば私が入ったときに、五月に赤旗の人たちと一緒に、メーデーについて行って、それをレポートに書いた。清水幾太郎さんの課題でレポートを書かされたことがあるんですね。しかし私には、デザインということと、社会主義というのはどういったことで繋がるのか、というのがはじめ全然わからなかったんです。それはだんだん覚えてきて、これこそ本当にデザインというのは、社会性の中でもがいていくべきで、儲けるためのデザインじゃないんだ、というふうなことを覚えたのが、桑沢での非常に大きな収穫でしたね。

実際私は、絶対的な社会主義的な意味からいうと、教職員組合はやるべきだと思ったんです。だからその辺は、人からずいぶん…当時の理事長にもずいぶん怒られた。「桑沢の明日を考える会」というのを私が中心になってやって、今の桑沢デザイン研究所のやり方が、専門学校になる前の桑沢デザイン研究所としての形の方がずっと良かったと。専門学校になったらだんだん…専門学校じゃ駄目だということで、もっと勉強するためには本格的に考えるべきだ、という、嫌なことを随分やったものですから…初めは理事をやってたんですよ、辞めさせられて、辞めちゃったんです。

［桑沢デザイン研究所にて二〇〇四年九月二日、インタビュー＝沢良子］

須賀攸一

すが　ひろかず

●インテリア・住宅分科会

私は子供の時から図画工作が一番得意で、戦争の初期に戦闘機の絵を描いて陸軍大将の賞状をもらってるんだよ。高校を卒業して、社会人として三年たった頃、武蔵美の卒業生で私の友人の弟が、桑沢デザイン研究所っていうのがあるよって教えてくれたんだ。ちょうど、青山から渋谷に移って新校舎が建ったときだから、まだ窓ガラスもサッシも入ってない、風通しの良いところで受験したんですよ。その時に、今はやりの練炭火鉢があっちこっちにおいてあったね。窓ガラスは、四月頃、授業が始まる頃にやっと入ったんだよね。それも木製のサッシなんだから重たかったね。玄関ドアも木製だったね。最後はあちこちアルミだらけだったけどね。

桑沢には、昭和の三三年に一年生で入りました。それで二年間学生をやった。卒業するときに、学校に残れと言われて、そのまま定年まで四十数年いたのかな。洋子先生と出会ったのは、学校に入ってからです。学校に入って、学生を終わって、先生に「教員として残ってくれ」ということを指示されて、それでそのまま研究員ということで二年間くらい、授業では助

Hirokazu Suga

手としてやっていたのかな。その当時の先生というのは、真鍋（一男）先生、高山（正喜久）先生、女子美からこられた郡山（正）先生がおられた。郡山先生からは、数学から音楽から、いろいろ教えて頂きました。真鍋先生からは平面構成だけれども、直接の上司でしたから教育の問題をじっくりと指導されましたね。「こういう時は、こういう受け答えの方がいいよ」とか、具体的なことまで。

学生に伝えようとしたことは、手を使うこと。手と頭は繋がっているんだ。つまり手というのは、脳みそが外へ出てきたものなんだよ。手を使わないで、何かことができるかね。今のデザイナーは手をあんまり使わない、指先だけだよね。だけれども、それじゃあ頭悪くなるだけだと僕は思う。つまり自分で考えていないんだよ。コンピュータにやらせてるんでしょ。頭の方で何をしようとしてるのか、ということを手に伝えないと、と私は今でも思ってるんです。ですから手仕事を中心にやりました。私はコンピュータは使わせなかったんだな。二年生の平面構成でコンピュータでやってきた子には、手書きのエスキースを一緒に出せっていいました。どういう展開をしていったかが分かるように持ってこい、と。一年生の色彩構成もやったんですけどね、そのときはまだコンピュータが入ってきてなかった。自分で色を作る、自分の目的の色を探せ、というようなやり方だったですよね。そうすると、どの分量でどうするかっていうのを自分で考えるわけよ。ところがコンピュータはパーセントでボタンを押すだけでしょ。それは自分の作る色じゃないよ（笑）。だからコンピュータと同時に光で見ている色と、ものを使った色と同じではないんだ、ということを分かってもらうために、一生懸命やりましたけどね。つまり、光の色で自分が色を作った、なんてことはないんですよ。いきなり二年生でコンピュータ使う子もいるんですよ。だけどコンピュータの資料だけ持ってきても、私は受け取らなかった。それはコンピュータがやった仕事でしょ、と。あなたが手を動かしてやった仕事ではないんだから、私は受け取りません、ということをずっと通しました。それにもちろん、桑沢デザイン研究所自体がバウハウスの流れをくんで洋子先生が作ったわけですから、それは私自身もずっと考えている、というよりも実行してきたつもりです。

私は、研究所が渋谷に移ったときに一年生に入ったわけでしょ。そうすると学校の校舎にまず思い入れがある。つまり入ったときには新校舎で、退職するときに閉鎖して改築になる、ということなんです。あの校舎と一緒の年月は、四十年ちょっと。そういう意味では、旧校舎がなくなってしまったのが非常に残念です。個人的な思いよりも、研究所の発展のためにね。初めは、潰す前の校舎の真ん中のところしかなかったの。外階段の両側の教室。だからアトリエの部分と奥の方は、私が卒業して教員になってから増築した。学生さんが増えたということもあるんでしょうけど。このあいだ、小関くんという私の後任をやってくれている人が、コンクリートの一番堅いところを、立方体にしてプレゼントしてくれました。私が立体構成で立方体に凝っていたのを、彼が受け継いでくれているのです。

桑沢洋子先生の印象というのはやっぱりお酒が好きな方だなあ、と。所長室に角瓶がおいてあって、先生が「どうだい、須賀ちゃん」って。私、学校にいたころちゃん付けだったんですよ。それから非常に細やかに面倒を見てくださる方だった。こちらが悩んだりすると、「須賀ちゃん、どうした?」っていってくれて。こうこうこうで、といったら「それじゃあ、上司の先生にそれをもっていきなさいよ」とかね。というのも学生さんとのつき合い方が最初の頃はわからなかったんだよね。教える、というのは何なんだろうって。

［桑沢デザイン研究所にて二〇〇五年一月一一日、インタビュー＝沢良子］

田中美智子

たなか　みちこ

●ドレスデザイン分科会

これからの女性は、何でも良いから手に職を持ちなさい、趣味が仕事になったら最高だという家庭教育を受けました。ある時父より、桑沢洋子先生のことを知り、現代の女性としては珍しく進歩的な考えを持った人がいらっしゃるということを聞きました。それで私も桑沢デザイン研究所に行くことを目標に大学に入り、洋子先生の教育を直接受けたいと思いました（後から知ったのですが、洋子先生は父に大学を卒業してから研究所にいらっしゃいといってらしたそうです）。

ドレス科は当時、基礎科・技術科・デザイン科に分かれており、技術科とデザイン科、どちらに先に入学しようか、ずいぶん迷いましたが、やはり厄介なところから進んだ方が良いだろうと思い、技術科に入りました。青山の教室は、卓球台が机、私などは肩から上が出ているだけ。そこで製図をしたり、ドレスの技術などをみっしり詰めこまれました。遊ぶ時間は殆どなく、徹夜の状況で一年間が経ったといっても過言ではないと思います。デザイン科を卒業後、楽しい旅行をしている最中、洋子先生から研究所の教員にならないかという電話があり、お断りすることができませんでした。私は手を使う仕事が好きだし、それにまつわる素材的なことをしたいし、従来は織物をしていきたいと思っていましたので、技術科の教員を選びました。洋子先生も「いろいろの基礎となる技術をちゃんとしなければ、いくら紙の上でデザインをしてもダメなのよ」と私に助言をして下さり、そのことも私が技術科のスタッフを選んだ大きな要因だと思います。

毎日放課後学校に残り、技術担当の先生と勉強をいたしました。非常に苦しく忙しかったけれども、楽しいことも多々ありましたね。ある時事務局長が「先生方遅くまでたいへんですね。でも和気あいあい楽しそうにやっていますね」っていわれまして、今では良い思い出となりました。

その当時私のお給料は二千円でした。実家から通っていたのであまり感じなかったけれど、下宿をしている同僚は生活できないのは当然だと思う。そんな中、組合を作ろうという声があり、授業が終わった後、こっそり十名弱で組合について勉強会を夜中までしました。いろいろの先生方のご助言などをいただき、ついに組合を結成、所長に提出いたしました。すぐ洋子先生から呼出しがあり、「あんた！　なんで組合なんかつくんのよ？　組合なんかつくんなく

Michiko Tanaka

たって、話合えばすむことじゃあないの」ともものすごい勢いで怒られました。私は「同じ職場で三人集まれば組合を作る権利があるんですよ」って口返事をいたしました。その時の洋子先生の顔つき（大きな目で私をにらんでいました）、忘れることはできません。その後も何人か呼ばれたようです。洋子先生は納得したわけでもなく、ただ黙ってしまいましたねぇ。先生も反論しようがなかったのか、バカなことをいっているなぁと思われたのか、それはわかりませんけどね。でも先生はショックだったと思います。洋子先生は、思想的には進歩的な方であるはずだと。時間が経ってきたし、経営者だし、苦しい立場にいらしたと思います。でも理解できる部分はおありだったと信じたいです。遅かれ早かれ、組合を認めざるを得なかったと思います。

私はお酒が飲めないんですよね。桑沢研究所に入って初めてお酒の場というのを知りました。間がもたなく、気がつくと私達のグループ三人ぐらいしかおらず、皆ソーッと逃げ出していました。私達もそろそろ逃げようとしたら、見つかり怒られました。「座がしらける！」って。何で私達ばかりと思いました。

洋子先生は意外と可愛らしい所がおありなんですよ、失礼かしら（笑）。酔っ払うと、長い手をプラプラさせ、特有の表情をなさり、小唄か端唄かどどいつを唄い出し、すごく陽気になったり、泣き出したり…。ある時、非常勤の先生のお父様が亡くなられ、洋子先生とご一緒にお葬式にうかがう時、車の中で「私マニキュアしたばっかりでね、取るの…赤いでしょ」「先生、手袋なさればわかりませんよ」「そうね、それでいいかしら、いいわよね、そうするそうする」。

会議に出る時はかならずショート・ホープの吸いかけ一箱と新しいショート・ホープ一箱、ライターを持って出席。ある時会議の最中に、何となく私の方を洋子先生が見ていらっしゃるのに気づき、合図。そばに行くと「みっちゃん、タバコ持ってきて。ハンドバッグの中に入っているから」。嬉しそうにタバコを吸っていらっしゃいました。洋子先生はいつも私のことを「みっちゃん」と呼び、学生の前でも呼ばれ困ったこともありました。

研究所の旅行。宴会も終り、私達の部屋にパジャマ姿で洋子先生があらわれ「遊びにきちゃった！　入っていい？」「さぁどうぞどうぞ」身振り手振り華やかに楽しそうに一人芝居すると、突然泣き出し「あんたたちなにさ！」（ほうら始まった）止めどもなく、ああでもない、こうでもないと泣きながら怒っていました。「洋子先生！　人から聞いた話を鵜呑みにしないで、少しご自分の目で確かめてから怒って下さいよ。私達そんなことぜんぜん知らないですよ」「先生、涙、早く拭いて」タオルを何枚もリレー（笑）。洋子先生も日頃の鬱憤を誰にもいえず、私達のところで晴らし、私も洋子先生に口答えをしてしまい、申し訳ないと思っています。でもお互いに信頼しあえばこそだと思い、今は懐かしい思い出です。

いつも茶系又はオリーブ・グリーンのブレザーコートかカーディガン・ネックのジャケット、それにズボンを愛用、今でもスマートな洋子先生のお姿を思い出します。

お酒（サントリー角瓶の水割）・タバコ（ショート・ホープ）・和服・人間そして猫を愛したすばらしい先生でした。この様な先生とご一緒に仕事ができたことは幸せであり、なによりの賜物です。

［桑沢デザイン研究所にて二〇〇四年一二月二一日、インタビュー＝沢良子］

豊田高代

とよだ　たかよ

●ドレスデザイン分科会

最初に洋子先生に出会った頃は、まだ先生が学校をしてなかったと思うんですね。『婦人画報』の相談室にいらしたんですよ。それで私がどんな先生かと思いまして、なにげなくお目にかかりに行き、いろんな話をしました。その時に桑沢先生の話がすごく民主的で、ガンときたんですよね。その話のなかで、土方与志先生の奥さんが民主クラブみたいなのおこしたいっていっていて、それを洋子先生にお話ししたら、二人がお会いになって、それで民主クラブができたんですよ。内容はどういうのかっていうと、私などは職場の講師ですね。今でも忘れられないのは、飯田の洋裁学校に講師として招かれたことです。床にゴザを敷いて、そこに皆座ってね。古くなった男物のワイシャツを利用して、こういうブラウス作ったらどうですかっていうことと、軍手みたいな手袋でちょっとしたものを教えた記憶がありますね。生徒さんは嬉しかったのか、私が帰る時に飯田の駅にいたら、皆黄色いハンカチを振ってね。泣いてくれてる人もいてですね。私も電車の中から首を出してバーっと振ったのを憶えてます。良い思い出で

Takayo Toyoda

すね。洋子先生にいわれて、慶応病院の看護婦さんとか、日電にも行きました。一番長くいたのは富士通信機っていう会社なの。そこに青年学校とかっていうのがあったらしいんですね。洋裁みたいなの教えてたんですけど、製図も少し、服装文化クラブで作った『桑沢式のやさしい製図』って本で教えたんです。

服装文化クラブの後に、ニュースタイル学院ができましたでしょ。その後ニュースタイルが上手くいかないって話を聞いたんです。その時、私の友人のおば様が多摩川に別荘を持っていましてね。洒落た家で、おばさまがお茶かなんかを教える所だった。それで「ここ、なんとかならないかしら」っていうんで、私と友人で学校の認可を取りに行って、洋子先生に頼んで多摩川学園（多摩川洋裁学院）ができたわけです。

一時、胸を患ってましてね、たいしたことはなかったんですけど、そろそろご挨拶しようと思って洋子先生の所にお訪ねした。そしたら桑沢先生が「あら、豊田さん元気になった。昼間三日だけで良いから、ここへ来てくれないかしら」っておっしゃったの。それで三日ならっていうのでＫＤＳ（桑沢デザイン研究所）に入ったわけ。そしたら三日どころじゃなく、五日になりましたね。でも今考えると良い勉強になったと思います。塙（経亮）先生とか有名な先生の技術を我々が学ぶんですよ。飯塚（春次郎）先生もね、すごく勉強になりましたね。素晴らしい先生でした。塙先生の場合は、針の持ち方から違った。これにはちょっとびっくりしましたね。こういう基本ってあるんだなぁと思って。桑沢で塙先生についたのが私だったんですよ、一番古いから。今考えると本当に恥ずかしかった。横にいたら「ただつっ立ってるんじゃない！」って、すごかったです。穴かがりが全然違うんですよ。「豊田さん、穴かがってみい」っていわれて、私手が震えちゃってできなかった憶えがある。素晴らしい先生だった。怖かったけどね。

私は、自分があまり飲み込みが良い方じゃないので、ともかく分りやすく生徒に教えなきゃならない、これが私の基本でしたね。できないでぼけっとしてたり、あんまりしっかりしてない人の側に行って、「あなた大丈夫？　どこがわからない？」っていう教え方でしたね。私が教えたのは製図なんです。ただテキストにあるようにパッパッと教えるってことは誰でもできますけど、それを皆にわかるように教えようっていう心を持って教えるってことが必要だと思いました。私はそれを実行した、それだけですね。生徒から卒業する時に花束をもらったり、素晴らしい色紙もらいました。色紙は今もとってあります。そこには、ほとんどが「先生は私達のお母さんみたい」なんて書いてある。まぁ教師っていうよりそんな感じでしたね。本当に親しみ易かった。だからそういうことを考えるとね、私なりの生き方だったなと思います。

洋子先生の製図の土台は伊東茂平さんなんですよ。それを分りやすくなさって、それをさらに私達が職場用に『やさしい製図』っていうのを作ったんです。それが随分浸透したと思いますね。その頃文化服装学院もありましたよ。桑沢の製図は、洋子先生が伊東式で、その伊東さんの前が小池千枝さんの文化式なんですよ。だからそれが混ざっていたみたい。伊東式は分度器使ったのね。でもそれではとても難しいので、谷（二三）先生が文化式っていうのを知ってたから、文化式に変えて、それを少し直しました。洋子先生は、既製服に合うような製図というのを考えてらっしゃった。大・中・小と型紙を作っちゃったんです。それを、ちっちゃい人はどこを何ミリ削る、それから大きい人には何ミリだ、そういうふうにやった。もうオーダーなんてのは一般には通用しないっていう考え方でしたね。もう既製服時代です。それで吊るしが出てきたでしょ。それからイージーオーダー。だからもう、完全なオーダーというのは特別な人にしかなかったわけです。

［豊田宅にて二〇〇五年一月一七日、インタビュー＝伊藤櫻子］

Keisuke Nakamura

中村圭介

なかむら　けいすけ

●インテリア・住宅分科会

私は昭和二六年まで三越の組合運動をやって、全百連という百貨店の業界の労組の書記長をやってたんです。それで自信がないもんですから事務所を始めるときに桑沢に入れてくれないかっていったの。ところがね、お前みたいのが生徒にいられちゃ困るって（笑）。教えりゃいいって。それが昭和二六年か二七年です。教えてくださいというような改まったものではないんですよね。俺入れてくれっていったんですよ。受験は嫌だけど。何とか上手く入る方法はないかと思って（笑）。そしたら山口勇次郎さんが「お前みたいのが生徒にいられちゃ困る」って。なんでも知ってるんだからね。「そんなことだったら学校へ来て教えろ」っていわれたんだ。それが始まり。そのときに豊口克平先生にお会いして。一回だけかな、それで入っちゃった。教えに来いっていわれて。桑沢は二十年くらいかな。教え始めた一番最初ですからね。

教えたのは人間工学とか家具の構造、そういうようなことですね。要するに桑沢の場合はどっちかというと造形主義に走るので、むしろ実際の制作などを中心に教える方が重要じゃないかと。私と山口先生はそういう考え方じゃないかな。それから、桑沢デザイン研究所に入ったもう一つの契機は、松村勝男ちゃんがやめちゃったでしょ、それを補うのもあったんです。松村先生は私の後輩なんです。府立工藝学校の。私の方が一年先輩なんですよ。

授業は模型とか、五分の一くらいの縮尺のモデルを作って教えたのが多いですね。学校では原寸図まではできないです。図版を置くスペースがなくて。家具の原寸は結構大きいですからね。全紙じゃないとできない。教えたのは大体五分の一が多いです。模型も五分の一で。やっぱり影響を受けたというのは豊口克平さんでしょうね。

資生堂のギャラリーが大正十一年かな、そのころから始まるんです。その時分というのは、工芸デザインが新しくなり始める頃なんですよね。そのときにギャラリーを作ったわけです。このギャラリーが小さくて、工芸品を発表する場として適当な大きさだったんですよ。だから資生堂の展覧会は、IDとかそういう関係の作品が多いんです。全部資生堂には記録がありましてね。新聞に広告を出すでしょ、それを全部集めてきて、『資生堂ギャラリー七十五年史一九一九―一九九四』（資生堂企画文化部編、資生堂　一九九五）という厚い本になって。それを見て、これはどういう意味があるのか、そういうことを編集者からインテリアの関係で私が呼ばれたんです。梶田恵もその一人、この人は資生堂の喫茶室の椅子をやった人なんです。だからそういう人たちの記録というのは、あんまり残ってないんですよね。『資生堂ギャラリー七十五年史』というのは、広告をベースにして、そういうのを克明に集めています。それをベースにして本を作るときに、関係者を呼んでわからないところを聞いた。私はそれで、梶田さんのことを書いたんです。あんまり発掘されなかった人なんですけどね。全体として見ると、絵描きさんがやっぱり多いですよね。「型会」という会がありましたね。活動は短くて、その後は「模型」とか、そういうものになって、しばらくまだ続くんですが。

松村勝ちゃんは、桑沢の入口にあった三角形のベンチを設計しているんですよ。くもの巣が張ったような。私が近代史を書いたときに、出てくるのが著作権の問題。それがうるさいものですから、出版社のほうからいえば、本に載せるのにはっきりしてほしいんですよね。ところが家具の設計者自身もそんな意識がないですから、絵やなんかの場合は所有者というのがちゃんといるけども、家具の場合は所有者も設計者もなにもわからない。だから実際は手をかけて拾っていくほかにないですよね。梶田さんの三面鏡の始まりは、大正時代でしょ。でも、はっきりした年代がわからないですよね。展覧会の年代しかわからない、制作年代はほとんどわからない。
家具を中心に教えたのは山口勇次郎さん、その前が松村勝男さんですね。それと私かもしれません。

授業の思い出ですか。よくいうのは、暑くてしょうがなくて、屋外へ出てオリンピックの競技場、あの前でやったことがありますよ。今の代々木体育館。その前の広場が涼しいんですよ(笑)。暑くて今日は仕方ないからって、あそこへ行ってやったことがあります。桑沢先生とは、あまり縁がなかったですね。他の科の関係では目島(計一)先生という写真の先生、あの方とは何回かつき合ってますけどね。それで、目島先生の推薦で。お前やれっていわれて、桑沢の先生を代表する講義みたいのをやったことがあります(笑)。

[中村宅にて二〇〇四年九月一日、インタビュー=沢良子]

羽生道雄

はにゅう みちお

●インダストリアルデザイン分科会

私がはじめて桑沢に行きましたのは、一九五五年四月から夜の学生としてです。それまで日中は東芝系の会社で仕事をしていました。そこでは、戦後初めての巨大土木工事、佐久間ダムの現場指令用拡声装置、わが国最初の脳波測定器、それから南極へ行きました「宗谷」の通信設備の設計助手・施工を担当していました。電気関係の会社ですから、電気回路の設計が主役になります。で、私はハードのほうの設計でしたから、それ以上は評価されない。で、このままでいいんだろうか、もっと満足できる仕事がしたいと思い、いろいろ調べていくうちに桑沢の存在を知るのです。一九五五年に夜間部として初めてリビング・デザイン科ができるんです。私はそこで夜の授業を受けたのです。それが桑沢との関係の始まりです。卒業の年、一九五七年の三月頃、桑沢先生から、「羽生君、デザインのことやっていきたいの?」と声をかけられたんです。「やりたいと思います」と申し上げましたら、じゃあ研究所にこないか、と言われたんです。今でいうと図学表現技術を担当することになり、具体的には工業製図を教え

Michio Hanyu

る。そんな日々の中で、夜の授業が終わりますと、桑沢先生が二階からトコトコ降りていらっしゃって、「一杯やりませんか?」って、時折お声がかかりました。そんな折先生が「羽生君、一緒に話聴かない?」とお声がかかるのです。もうその時は嬉しくて、先生方のデザインを中心にした談論風発、難解だが面白い話を脇で聴いているのです。充実した時間であったことを覚えています。

二年目あたりから昼間も勤めさせて頂いて、昼間の学生の製図の面倒見たりしていました。渋谷に校舎ができたのが一九五八年です。旧青山時代に二年、渋谷移ってから三年、五年目で私は辞めさせて頂きたいということを申し出るわけです。桑沢先生は心中穏やかではなかったと推察できます。高松(太郎)先生に申し出たんだと思います。今考えてみれば桑沢が素晴らしい環境だったと思います。しかし当時はそれが理解できず、自分はデザインで生きていけるのだろうか。デザインは面白い仕事だけども、社会的に市民権を得られるのか。それと一番大きな不安は、助手といっても、主な仕事は外部講師との調整が中心でした。だがこの仕事は、交渉に配慮を欠くと授業運営ができないなど、助手の立場は非常に難しいんです。もうひとつは、当時先端にいらした先生方と直接お話をさせていただき、特別講義や公開講座として話をしていただくのですが、なんとなく自分が一人前のデザインの教育者、あるいはデザイナーだと錯覚を起こすわけです。グラフィック・デザインは、そういうふうにデザインの現場でご活躍する講師の先生の助言をいただきながら、一応こなしていましたが、本格的な仕事に取り組んでいない自分に不安がついて回ったんです。そこで先生に「しばらく外で実際的な仕事をしたい。自信がついたらまた桑沢に帰ってきたい」と偉そうなこと言って、それはもう破門同然だったと思います。それでも当時の先生方は温かかったなあと思います。勝見先生が、まだ就職の目処がついてなかったら僕が関係している企画会社に入れてやろうって。

辞めましたのが一九六二、三年ですね。振り返ってみますと、桑沢では本当に自由にやらせて頂きました。当時の桑沢は、利害関係を越えて、これからのデザインをどうしていこうか、という先生方がお集まりになっていらしたと思います。そして意見を戦わせていました。そういう場をお作りになったのは、桑沢先生のデザインに対する情熱と編集者時代に培った人間的な魅力と能力だと思います。総合ディレクターとしての力だと思います。桑沢先生はデザインの本質や時代性をしっかり把握していらっしゃいました。それは戦争中から新建築工藝学院でバウハウスの勉強をなさっていらしたからでしょう。非常に温かい先生でした。でも厳しい面もお持ちでした。

職員室に先生方が二、三人集まるだけでデザイン論が始まってしまう。そして授業を組み立てていくわけです。今やってる授業はいいんだろうか、こういう授業をやらなくてはいけないんだろうか、それがすぐ授業に反映していくのです。今年の桑沢の入学案内を拝見しましたが、非常にいい時点に戻りつつあるのではないかと思います。私は、今の桑沢のいき方をもう少し自由にして、もう一度原点に戻る良いチャンスじゃないかと思っています。当時の我々は、集まると桑沢デザイン研究所のこれからは如何にあるべきか、よく話した事を今でも思い出します。これから先の桑沢は、新しい時代に相応しい、かつてグロピウスが実践した研究機関を含めたデザイン教育、あるいはデザインの進むべき方向など提言できる実験的な場であってほしいと思います。今年の学校案内を見ますと、第一歩として良い方向に歩み始めているのではないかな、と思います。

［羽生宅にて二〇〇四年八月二六日、インタビュー＝沢良子］

Shukuro Habara

羽原肅郎

はばら　しゅくろう

●基礎造形分科会

僕らが桑沢に来た頃は、校舎が青山です。僕は三期生です。教室は卓球場。最初はここで始まったんだと思います。

桑沢先生は私が学生のころからそうだったんですけど、とにかく痩せていてハイカラなんです。足が細い。それが一番の印象ですよ。僕の田舎の広島県東部の村には、ああいう人はいなかった。だから東京という所はハイカラで、こんな人が東京の文化人だなぁ、という感じがしましたね。日本離れしているというか、ほんとに東京の教養人、という感じを受けましたね。

桑沢デザイン研究所との直接の関わりは、高山正喜久先生が、中国か台湾かに二ケ月くらい行くので、その代講としてやってくださいといわれたんですよ。そのときに僕は美術出版社に勤めていましたので、社長に相談しましたら一ケ月だけならしょうがないかな、ということで昼間行ったと思うんですね。火曜か木曜かに。それが桑沢に先生として行った最初なんです。

それからしばらくして、今度は夜間にきてくれないか、といわれて、それもやっぱり高山先生の紹介なんですよ。十年近く行ったと思います。そのとき僕はまだ二五、六歳かな、僕よりも年上の人が何人か来ていた。美術出版社の給料も安かったし、桑沢のも安かった。九時ころ終わるんですよ、学生と一緒に帰って、「先生、お茶でものみましょうよ」っていわれる。僕は「お金がないから」といったら学生が、「僕らが払いますから」といって。ほんとに、毎回のように、そんなことやっていました。

授業内容は、基礎造形の中の「構造」というタイトルで、立体造形ですね。マッチ棒と紐を使ったテンション構造の作品とか。木でハンド・スカルプチュアを作るとか。

高山先生から、まず、知ってることを全部いうなっていわれた。八割くらいにいって、質問があったらそれ以上のことをいえばいいんだ。知ったかぶりして全部いわない方がいい。それがすごく印象に残っています。あとは、僕らは桑沢に行って最初、とにかくデザイナーになる前に普通の一般人としての常識と節度 Common Sense を持て、ということをよくいわれた。だからそのことはみんなにも常にいってましたね。それと、他の動物は持っていない人間だけが持っている知恵。洋服を着るとか、新しい発明とか創造をしていくのは人間だけなんだ、と。

僕は田舎で二浪したんです。二浪して暗いんですよ。それで桑沢に行ってみると、本当にみんな明るい。桑沢の人はみんな明るい。東京の人ってみんなこうなのかな、そして僕は桑沢へ来て本当に良かったと思いました。

思い出は、そうですねえ、やっぱり石元（泰博）先生と矢野目（鋼）先生ですかね。石元先生にはLanguage of vision とVision in motion を教えていただいた。矢野目先生ってのはね、あんまりものはいわないんだけど、とにかく良い先生だったと思いますね。長谷川三郎の『新しい形の美』（美術出版社みずゑ文庫、一九五二）の素晴らしさを教えてもらった。

阿部（公正）先生の講義がね、毎週土曜日の午後からあったんですよ、阿部先生というのはほんとうに凄かったですよ。なんにも見ないで流れるごとく講義された。バウハウスとその前後の話を。それと浜口隆一先生と勝見勝先生、豊かな教養から発する幸福感がありました。僕の授業にもバウハウスの指導方針が反映していたと思います。石元先生のハンド・スカルプチュアの再現。学生には、その真の意義と意味が伝わったかどうかわかりませんが…。

［原美術館にて二〇〇四年八月二五日、インタビュー＝沢良子］

針生一郎

はりゅう　いちろう

●教養分科会

桑沢洋子さんとは、個人的には知り合いじゃないです。朝倉摂さん、佐藤忠良さんからちょっと桑沢のことを聞いていて…。初めて行ったのはいつだろうな、一九五〇年代の終わりぐらいですかね。デザイン論ということで、何を喋ってもいいということでした。全体の教育方針とか教科の内容とかはよく知らないのですが、ただ美術とデザインの区別はあまりなかった。一応専攻学科ではあるけども、卒業後どっちへ進むかは全く自由で、だから何でも関心があって、それはいい雰囲気だと思いましたね。朝倉さん、佐藤さんから聞いていた桑沢の印象としては、自由な校風だと言うことと、もう一つは、教師たちに熱があって、他ではやれないようなことをなるべくやろうと思っている、ということですね。

私はたぶん集中講義みたいに、一ケ月あるいは一ケ月半ぐらいを何回か連続でやったと思います。デザイン論ですからデザインのことを喋ったこともあり、美術のある流れについて喋っ

Ichiro Haryu

たこともある。ヨーゼフ・ボイスのような作家に限定して、それだけ喋ったこともありますね。ただ、そこのところが難しい。卒業生の進路の選択が自由だということ。それから戦前の日本では、図案とか工芸といった、美術より低く見られていたものが、むしろ「デザイン」ということで需要も多く、そちらへ進む人口も多くなった。そうすると「デザイン」は専門別に細分化されるわけです。しかし僕から見て、一流の創造的なデザイナーっていうのは、その細分化された仕事をうまくこなすのじゃなくて、環境と人間、あるいは生産と消費そのものの関係を変えていこうというような、そういう意味で包括的なデザイン理念を持たなければならない。ところが、十年以上続けているうちに、そういう包括的デザイン論というのは、テレビなどの教養番組みたいなもので、なければ困るから置いておくけれども、だれも身を入れて聞いていないものになった。デザイナーの中で一番親しく付き合ったのが、杉浦康平とか粟津潔とかそういう人たちで、例えば杉浦君は、今やアジアのイコンとかの研究者みたいになってきたし、粟津君は前からグラフィックという領域を超えて、やっぱり自治体とか大企業と提携しながら、そのトータルデザインをやっている。今は凸版印刷の印刷博物館館長かな、それで漢字の根源、あるいは各民族の古い文字の根源に遡って、それを収集するだけでなく、自分で作品化するということをやっています。

戦後日本のデザイン教育は、全部バウハウスを神棚に祭るように担ぎまわるのだけども、バウハウスの実態とはほど遠いところにある、というのが僕の感想です。バウハウスっていうのは矛盾の塊だと思うのだけども、ただ、創立当初は、グロピウスのチームワークという考え方で、美術とデザインを区別しない、それから建築を中心として全てを総合する。それも、個性の尊重というのじゃない、やっぱりチームワークの方を大事にする。僕は東大の美学研究室にいた最後の年、東大美学の先輩でバウハウスの日本への紹介者、山脇巌さんから東大教授経由できた話で非常勤として芸術概論の講義をした。そのなかで美術とデザインの関係にもふれたから、当然バウハウスも意識した。翌年から日大芸術学部の専任になるはずだったが、日大出身の美学担当教員の猛反対で専任になれなかった。それで研究室満期でフリーライターとなったとき、もともとは文学だけど左翼で原稿料がとれないから、原稿料の確実な美術評論に比重を移したんです。

敗戦直後から、島尾敏雄（一九一七—一九八六）という作家と親しかったんです。島尾と僕が知り合ったのは、安部公房を中心とする「現在の会」だった。その島尾に頼まれて、「島尾伸三という息子を桑沢に入れたい」というので、それを朝倉摂さんに僕から取り次いだのかな。島尾伸三のことは、『死の棘』（新潮社一九七八）という島尾敏雄の小説に出てくる子どもの姿しか知らず、一度も会っていないが、彼の写真はアジアの市場シリーズといい、今、水戸芸術館でやっている「うちのマホちゃん」展はまだ見ていないけど、なかなかおもしろい。写真の克明な記録性で私小説の領域をつきぬけて行くあたりに父親ゆずりの特徴もある。島尾が亡くなってから、奥さんのミホさんは、今鹿児島に住んでいるのだけども、時々いろんなパーティへ出てくるんですよ。それで「この伸三君の写真はおもしろいね」といったら、「針生さんのおかげで桑沢に入れていただいて」なんて覚えていてくれました。

勝見勝さんはよく知っていますよ。勝見さんが戦後デザインの方向づけをしたということは、文句なく認める。でもどこか啓蒙期の限界もあって、例えば、勝見さんが中心に始めたグッド・デザインの運動については、デザインに求められているのはグッドだけではない。もっとストロングであったり…。デザイン界というのはもっとどろどろしているのに、上澄みの部分だけすくい上げることになるんじゃないかなって、感じはちょっとありました。

西洋は理性中心主義なんだけども、十七世紀から十八世紀にかけてイギリスで、感性、感覚というものに対する再評価が起こる。美的感覚というかね、趣味論、テイスト論。つまり資本主義の初期にアダム・スミスが、個人の解放に資本が連動すると弱肉強食の動物的エゴイズムの争いになるから、コモンウェルズ、共有財や自治体・国家の富を優先せよと説いたのに対して、西洋の理性中心主義の理性も、どちらが損か得かみたいな、非常に低次元な「道具的理性」になっているときに、これは美的じゃないから紳士が関わるべきじゃないという、美的感覚や趣味判断が、資本主義の調節弁として重要視されるようになる。私はこの半世紀、大衆の美的判断力を育成するためにあらゆる芸術ジャンルにわたる批評を続けてきたつもりだけど、現実には日本はマスコミのふりまく定評だけが幅をきかせて、だれひとり自分の好きな作品を発見もせず、真にほれこむこともない社会になってしまった。ところが、大衆消費社会の現在、また同じような問題が起こっていて、これを社会科学的に分析しても、その情報のコードは表裏いろいろあって、なかなか判断がつかない。それを端的に趣味として判断して、好き嫌いで反応する感覚的判断能力が、今むしろ大衆に求められている時期なのだと思うんですよね。そういう意味では、勝見さんたちがやったことは、まわりまわって今再評価される機運にあるのじゃないかな、というような気もしています。

［針生宅にて二〇〇四年一一月一六日、インタビュー＝沢良子］

福田繁雄

ふくだ しげお

●ビジュアルデザイン分科会

勝見先生が、万博のポスター担当を指名して、亀倉（雄策）さんとか田中一光さんとか、五人だったと思いますね。その時にたまたま、僕の作品と亀倉さんの作品が採用になって、それで勝見先生は、僕のことをよく知ってくれていたと思います。万博（大阪）、それから札幌オリンピックなんかは、すべて僕にやらせてくれたんです。そんな関係で桑沢と関わったと思いますね。行ってくれって、きっといわれたと思うのね。桑沢洋子さんとは、勝見さんたちと一緒に会ったかもしれないけど、あんまりお話したこともないし、偉い人だし、こっちは学校出たてのボンボンだったわけだから、あんまり詳しくは知りません。

桑沢の場所は、最高だったよね。歴史的な場所だよね。ほかのデザインスクールとかいっぱいできてるじゃない。それとは全く違う渋谷のすごい場所で。これはその当時、やっぱり亀倉さんとか勝見勝さんあたりのパワーが、支えていたんじゃないかなと僕は思いますね。普通じゃできるわけないものねえ。だから造形大学ができていくっていうのは、あの時代、桑沢で

Shigeo Fukuda

教えた人たちのパワーが、今にちゃんと受け継がれている、ということだと思いますよね。すごい連中が参加していたわけだし、一時間ずつ特別講演とか今じゃありえない。宇野君もしてたらしいけど、イラストレーターにとっては宇野亜喜良なんて今は神様みたいな人だよ。

横尾（忠則）とか和田（誠）とか、僕たちは同じジェネレーション、みんな同じくらいで二十一の会をやったわけだから。そのあたりから、みんなお互い人の真似はしないと信じてる十一名でした。いまだにみんな自分の世界を作ってるわけで。そういうことを教えてくれたのが、やっぱり勝見勝だよね、ペルソナなんていう名前をつけてやったわけだから。僕たちの場合は、はっきりとしたターゲットがあったからね。亀倉さんと山城さんの間に入るにはどうしたらいいのか、河野鷹思と早川（良雄）さんの間の仕事はどういうのか、自分たちに何ができるのか、その間に入っていくにはどういうふうな個性を持つべきか。みんなその時、勝見さんの展覧会の企画で納得したんだろうね。だから同じことはしないよね。でも横尾君と和田君が一緒に展覧会やったなんて、一緒にやるはずがない、っていう感じで、今日本中の若い人知らないもん。でもやっぱりやったんだよ。それでみんな自分のものを見定めたっていうことはあるよね。そのパワーがやっぱり桑沢に集中したことはあると思うよね。だから普通の学校よりも輝いていたと思いますよ。

やっぱり一九六〇年にデザイン会議があって、建築家やいろいろな人たちが集まって、何かやらなきゃいけないって動いたのが始めだと思うんだけど。桑沢洋子さんって、前には出てきませんでしたよね。それがうまいところでね。やっぱり桑沢デザインに、非常に広角にインダストリアルの人とか、そういう人たちがみんな関わったっていうのは、ファッションじゃなくて、非常に新しい…あなたの考え方を述べてくれればいいよっていう立場だったからでしょう。教科書があるわけじゃなし、それでたぶん宇野君にしろ木村君にしろ田中一光にしろ、きっと自分が考えていることを吐き出せたっていうことがあるでしょうね。先輩がいるわけでもないし、みんな勝手なことを、自分が信じてることを話したと思うから、普通の今の大学の先生方と違ってきっと熱がこもっていたと思いますよ。そこが面白かったんじゃないかな、僕が想像してみるにはね。というのは、そういう人たちがほとんど参加してたのよ。今でもちゃんと活躍してる人たちが行ってたように思うよね。桑沢さんは、勝見さんとか亀倉さんとか剣持（勇）さんとか、建築家などの人たちと、ちゃんと結びついていたと考えていいんじゃないですか？　それは今のファッション・デザイナーと違いますよね。

ただ、これからだよ。振り返るだけじゃなくて、桑沢デザイン研究所が、一体これからどうするのかがね。僕もここ三年くらい中国行くことが多いんですけども、すごいパワーでね。万博がきますし、オリンピックもくるし、来年は花博が西都であるんですけども、僕は全部に関わってる。僕を連れて行けば、日本の万博のときの状況がすぐわかるわけですよ。中国では理論じゃなくて、作家を導入しようとしてるんですよね。今注目は、六〇年代ですよ。オリンピックと万博があれば、デザインってこんなに重要なんだ、大切なんだっていうのがわかると思う。要するにね、桑沢デザインができた後に、日本経済は成長して、デザインが引っぱりだこになる。それは僕たちがちょうど二十代から三十代後半で、すごいパワーで国がデザインを必要とした時期なのね。万博とかオリンピックだとか、僕たちみんなが使われたんだ。勝見さんが指名するんだもの。「正面のタワーを、田中一光ちゃんやれ」とかね、そんな人いないもの。それが今の日本のデザインの原点だと思います。

［福田宅にて二〇〇四年一一月九日、インタビュー＝沢良子］

前田晃子

まえだ　あきこ

●ドレスデザイン分科会

私は以前、注文服の仕事をしていましたが、どうも服飾の世界がこれから変わるのではないかと、何となく感じはじめていました。それである時、本屋さんに入って、雑誌をパラパラっとめくっていましたら、桑沢先生の、造形ということが衣服と関わっていく上にとても大事なことだという記事にちょうどぶつかったんです。それでさっと目を通してみたら、今まで私があまり意識を持っていなかった内容だったので、それで研究所を訪ねて、入学のための面接を受けました。その時が桑沢洋子先生とお会いした一番最初なんです。それで入学が決まって、一年間の勉強後、各先生方のサイン入りの卒業証書をいただき、卒業いたしました。

卒業の時期、先生方には、私は、仕事につくことを希望していると話をしていたんですけれども、どこからもお返事がなくて、そろそろ自分から動かなければと思っていましたところへ桑沢デザイン研究所から葉書がきまして、就職させていただくことになりました。最初は雑用

Akiko Maeda

係だと思って行ったのですが、「あなたは縫う仕事をして、それでお金をとっていたんだから、部分縫いを教えなさい」っていわれて、それで一番最初から、部分縫いを教えることと、先生方の助手として教室に出ました。それからもう一つは、桑沢先生のデザインの授業の助手と、デザイン担当の先生方の助手として、教室に出ました。

桑沢先生のドレスデザインの授業のなかに、学生が課題にそってデザインしたものを、実物製作をし、それを批評する会というのがありました。そのときは、桑沢先生と共に他のデザイン分野の先生方も一緒に批評の場に出られての合評会となり、学生も意見を交わし、いろいろな角度の批評をきくことができました。

先生は常に、衣服というものを造形的視点で見るということを強調されていましたね。例えばボタンを一つつけるにしても、「ここにつけるのと、こちらへつけるのと、どちらが良いか」って。こちらへつけるのが良いという場合は、「じゃあなぜ良いか?」その場合も、ただ見た目に良いというんじゃなくて、「なぜ」という部分を、視覚的に造形的な視点で、「ここへもってきたら、こういう味になる、こっちへもってきたら、またちがう味になる」、どういうまとめ方にしたいかによって、選ぶことが大切だということですね。ですからボタン一つにしても、非常に細かく指導なさいました。デザインを大事にする故のことで、「デザインとは？」ということを理論的に言葉を連ねておっしゃるっていうよりは、常にそこに一つの状況を設定し、それに対して自分の考えをおっしゃっていました。中途半端な機能性にはきびしく、ディテールに溺れたり、あいまいなデザイン姿勢にも、「なぜ」と説き、デザインと身体の動き、基礎的な造形への目くばり、デザインと技術との関わり。各人各様の発想を大切に、暖かいおもいやりもそえて適格な指導をする先生の視点は、ボタンやエプロンから発して、自由なアイデアを高度なものへと深めてくださいました。

私には、指導理念という特に構えたものはなくて、手探りで出発したといえます。ただ、衣服というのは立体ですので、その立体というものを分からせるということが非常に大事だと思っていて、それを自分なりにどういう角度から、どういうふうな方法で学生と接して、指導していくかということは本当に手探りでやってきました。平面の計画から、良い美しい立体を、予測できる人に。自分を見つめ、内なるものをはき出して、オリジナルな形を追求する姿勢を願い、高度な立体に眼を高め、自然から多くを学びとるように等々。私もずっとオートクチュールの仕事をしながら学生として入りましたので、衣服に造形性をという点は私にとって目を開かせて頂いた内容でした。ですから私も、やはりデザインと造形との関わり、それからデザインに対しての技術的な内容の大切さ、それらは自分の注文服のデザインや仮縫いのなかで、また街を歩く人々のスライド作りなど、常に探っていました。

桑沢先生はざっくばらんな性格で、教室を出たら互いに個人同士の会話をよしとし、若い学生に対しても、年輩の方に対しても、それから経験のある人ない人に対しても、とにかく分け隔てなく接してらっしゃいました。名古屋での講習に、ホテルに宿泊したとき、朝食の注文はオートミールにバターとミルク、トマトジュースにレモン。先生の別の一面をかいま見たようでなつかしく思い出します。

［桑沢デザイン研究所にて二〇〇四年一二月二四日、インタビュー＝沢良子］

道吉 剛

みちよし ごう

●ビジュアルデザイン分科会

一九五二年ごろ勝見勝先生の書かれた、スイスのデザイナーでハンス・エルニという人の紹介記事があったのです。それから何年も経ないうちに、『リビング・デザイン』(美術出版社、一九五四―一九五七)という雑誌の中でまた勝見勝という名前を見るんですが、それが一九五四年に桑沢デザイン研究所が開かれた、という記事だったんです。そのころ、山脇巌さんの著作でしたが、『バウハウスの人びと』(山脇巌著、河合正一他編、彰国社、一九五四、近代建築家七)という本を別のところで見ていました。またそれとは別に、「桑沢が日本のバウハウスである」といった勝見先生の記事があって、それが発端ですね。それで勝見先生の話を是非聞きたい、と思って桑沢に来た。桑沢ができて二年くらいだったですかね。なかなかついていけない授業でもあったんですけど、かなり難しかった。これが勉強か、というようなこともあって戸惑った。しかしそれは今にして思うと、既成概念を壊す、ということ、つまり何かの考え方に囚われがちなので、それを一度壊してみる、ということが根底にあったようですね。教室でいきな

Gow Michiyoshi

りバケツをガンガンたたいて、形に表せよ、とか。それから紙の上に点を幾つかおけ。点を複数おくとその間に空間が発生するんですが、それについて考えよ、とか非常に哲学的だったりするわけです。

桑沢デザイン研究所で学んだのちに、勝見先生の雑誌（季刊『グラフィックデザイン』編集部）からお声がかかって迷わずいきました。勝見先生の指示の下にレイアウト用紙に世界から集った優秀な作品のスケッチを手で何度も描く。さらに日本デザインセンターに持参して原弘先生のご指導をうける。これが大変勉強になりましたね。私にとっての大学院のようです。これが前段にありまして、草刈順先生と山城隆一先生、田中一光先生のご推薦で、桑沢デザイン研究所の二部で教えることになりました。それで制作現場で有効な考え方として、もちろん絵に近い分野としてグラフィックの仕事を考えていたわけですけど、なかでも文字をどうするか、ということをだんだん強く感じるようになって、やがて文字の用い方、印刷文字の構成・技術、タイポグラフィということに辿り着きまして…。

本をデザインしていますとね、必ず字と画像が出てきます。文字と絵が相まって、ある正確なコミュニケーションができるという確信を持つようになってきました。デザインの学生は絵から入ってる学生が多いものですから、将来彼らが自分の仕事として何かを作っていく上で、文字をどうするか、ということが非常に助けになる、というふうに思い始めまして。で、グラフィックのなかのタイポグラフィ、文字のデザインに力を入れてやっていこう、ということが始まったんです。初期の二年間では、いろんな雑誌のヴィジュアルの中で、文字がどういう位置を占めているか、ということを分析・研究しました。その後二年毎に、オリンピックと万国博の中において、デザインがどんなことの役にたってるか、ということを調べました。四年間やった結果、今度は冊子にしようと考えたわけです。タイポグラフィという共通のテーマを設定し、最初は学生数も十数名ですから、一人一ページ、ということでとにかく始めたんです。次はすぐ倍の一六ページにしました。また一年くらいおいて倍の三二ページとだんだん増えていくんですが、延々と一八年作り続けてしまったんです。最後は表紙を含めて百ページ。まあ立派な冊子になったわけです。五ミリくらいの厚さになりまして、一貫して本格的に印刷する、ということを行いました。最初の文字組は写真植字でしたが、途中マッキントッシュが登場した。自分で文章を書き、推敲し、自分で文字を入力する、終わりの頃は短い論文を紙面とともにモノも作って、それを完全な原稿の状態にする、版下にする、というところまで。印刷前までのデスクトップパブリッシングを先行したんですね。中身は玉石混淆ではあるんですけど、評価された部分もあって、終わりの頃は数が多かった。五百から千部作って外部にも積極的に配ったんです。「タイポグラフィ」という書名で一八号まで続きました。桑沢には三十年以上通いました。

二〇〇〇年まで学生とつきあったんで、僕はとても刺激を受け続けて、僕の同じ世代の連中より大分気が若く過ごせた。学生たちの歳は毎年あまり変わらないんですけど、僕は確実に毎年歳をとっていきますので、その点は大変彼ら彼女たちにいろんな知識欲や気力、示唆をもらってやってこれたな、と喜んでいる。造形大学が桑沢から生まれ、桑沢もまただんだんと立派になって大変良かったなと思ってます。

今、初期の桑沢の一二年間の大勢のすばらしい先生方の姿を、写真集にまとめようとしています。初期の桑沢に関わられた、今もそうですけど、先生方は実にすごい方々だったというのが、いっそう判ってきました。刊行されたらぜひ見てほしい、時代の空気が感じられます。桑沢のデザイン研究の環境は、四、五十年前の状況とは当然、変わってきているとは思いますけれども、初心を忘れず、果敢な実験精神を持ち続けて発展してほしいと願っています。

［桑沢デザイン研究所にて二〇〇四年八月一七日、インタビュー＝沢良子］

皆川 正

みながわ ただし

●インダストリアルデザイン分科会

最初に僕が桑沢先生とお会いしたときのことをお話しましょう。金子至さんが銀座の方にいた時期、僕も銀座の東光電気にいたんです。だから時々お会いすることがありました。僕は照明をやってたんでね、照明学会にも入ったし、東京電力主催の照明協会へもずっと行ってました。そんな関係で、金子さんは僕が照明やってるというのを知ってるから、桑沢で照明の話をしてくれないかと言われました。まだピンポン場のとき。二日間、夜ね。僕は照明の話をしたわけです。金子さんから桑沢先生が見えてるからっていうんで、先生の部屋に行って、ご挨拶して、それが一番最初の顔合わせだったわけ。そのとき先生がね「私はこれがなきゃ駄目なのよ」ってサイドテーブルを引いてね、その中から出てきたのがサントリーのクロ。それでお蕎麦かなにかとって食べた経験があるんです。お酒が好きだったからね。

その後、学校の方で教えてくれないか、と。照明が主体じゃなかったから、工業デザイン

Tadashi Minagawa

を。それで桑沢に行って、その時はＮＨＫのところに一番最初に作った建物。会社を辞めてフリーになったので、非常勤で一週間にいっぺん。ちょうど僕は千葉大にも、非常勤で行ってました。千葉大は東京工芸学校が前身で、私は高等工芸学校を卒業しました。桑沢も造形大を作るという話があった。僕は、金子さんが主任の教授になると思っていたら、そうじゃなくて僕になってくれっていうわけですよ。何度も断ったんですが、武蔵野美大の豊口克平先生や東京芸大の小池岩太郎先生にも説得されて、結局引き受けた。まだ学校も建築中で時間がありましたから、僕は、どうやるかということを一年かかってやります、といった。教授はまだ僕だけですからね、助教授だの将来教授になるふたりを選ばなきゃいけない。豊口克平先生の息子さんの豊口協をメンバーにしたいんだといったら、桑沢先生がとても喜んでね。清水千之助は時計のセイコー社にいましてね。私のいとこと中学時代が同級生だった。それから月にいっぺんずつ、内容をどうするか、どういうことを誰がどういうふうにやろうか、全体的にどうやろうか、ということを話し合うことにしましてね。ゼロからのスタートですから、最初は雑談みたいなことだけども、基本的なこと、豊口君にはこういう方法、清水千之助にはこういう方向と。その会には魚住君にも来てもらって、そしたらその会の時に桑沢先生も高松さんも必ず来るんですよ。それでちょうど一年間、基本的なものを考えて、それからさらにディテールについては、大学ですから専門教育をするまでは二年間の時間がありました。その間に何と何を入れようと。まあ英語は堂々とやらなくちゃいけない。僕は入学試験にも数学を入れるといったら、これだけは桑沢先生が反対したの。数学やるってのは可哀想だと（笑）。僕は高等工芸だから、自分でも数学がある学校に行ったからね。語学と数学だけ勉強したんだけど、まあ数学の頭の構造を持っているものが、工業デザインをやったほうがいいんだ、という基本的なものが頭にありますから。清水千之助も豊口協さんも数学やってるわけですからね。そうすると「先生のいうとおりだ」と桑沢先生もついにシャッポを脱いじゃって。

造形大ができて、魚住、（清水）千之助を連れて、造形大のほうに行った。指導方針はね、基本は造形大でも同じ。マンツーマンの教育をしたい。というのは、たとえばデザインをして、テーマを与えられてアイデアをかくときに、だいたい絵を描くでしょ。そのときに「この線はこれじゃおかしいから、こっちにしろよ」っていうと、それは僕のデザインになっちゃう。本人の能力というものを引っ張り出そう、そういう教育をしようと。それは千葉大でもそうだし、これが一貫した方針。「こうやると、こうなるよ」「こっちをこうすると、こうなっちゃうよ」「この線をこうすると、こうなるよ」と何通りかいって「そうだろ、これでもできるだろ」なんてね。自分がどういうのがいいのか、僕が描いたのは駄目だといってるんだから、なぜ駄目なのかということを考えて。初めの授業なんかやるときはそうですよ。テーマを与える時じゃなくて、最初に自分のできたものを図面で見て、本人の意思でものを作るようにして、最終的にこんなのがいいだろ、とね。で、まとめて、モデルをこしらえる。モデルも作ったときに、また前の話をするわけです。「最初になぜこうやっちゃいけないか、といった意味がわかったろ?」って。本人の能力を引っ張り出す。

私のデザイン教育に対し、デザイナーの中には「デザインの教育なんてどうするのか」という人もあるのです。それでこんなたとえ話をします。細い山道を目隠しをさせて歩かせる。私は後ろ歩きをしながら手を叩いて「こちらには崖があるぞ、こちらは山にぶつかるぞ」といってやる。そういう教え方をするのだと説明すると、よくわかってくれるのです。

桑沢先生について、一番記憶に残ってるのは、「私はこれ(酒)がなきゃ駄目よ」って(笑)。先生の魅力というものは、まさに教育に打ち込んでいる、ということですよね。自分がトップにいて、楽しい生活しようなんてことは全然ない。とにかく学校、大学を作って、一生懸命ものづくりの人間を作ろうと。その意識だけですよね。それははっきりといえますよ。

[皆川宅にて二〇〇四年九月三日、インタビュー=沢良子]

Shutaro Mukai

向井周太郎

むかい しゅうたろう

●教養分科会

ぼくは桑沢先生については、お会いする前からよく知っていました。大学での専攻は早稲田の商学部でデザインとは関係はなかったのですが、当時は、デザインにも興味をもっていました。桑沢デザイン研究所ができたのは一九五四年、ぼくがまだ学部生の時です。商学部にドイツ語の教授で、杉野橘太郎（本名・昌甫）という先生がいらした。演出家で戦前は築地小劇場で、早稲田では演劇博物館でも活動をなさっていた方です。先生のドイツ留学時代が俳優座の千田是也、バウハウスへ行かれた水谷武彦先生や山脇巌先生ご夫妻と同時代だったのです。ぼくがバウハウスに関心を持っていると知って、先生は水谷、山脇両先生を紹介してくださったのです。両先生から、バウハウスを範として独自の構成教育を行った川喜田煉七郎さんとその新建築工藝学院の話やそこに学んだ桑沢洋子さんがバウハウスのような革新的なデザイン学校を設立しようとしているということも伺ったのです。ぼくは桑沢が開校されたときに、入ろうかとも思い青山に見学に行きました。

しかし、院生二年のときに、通産省のデザイン振興政策でジェトロのデザイン留学制度（一年間）ができ、ぼくはそれを受けて、戦後のバウハウスといわれたウルム造形大学に留学しました。それが一九五六年で、戻ったのが五七年です。ぼくが最初に桑沢デザイン研究所でお話したのが一九五八年になっていますが、どういう経緯で、またどんな話をしたのか全然覚えていないんですが、ウルムの経験を中心にお話したんだと思います。よく覚えているのは、その後、桑沢先生に飲み屋さんに招かれたことで、高松太郎さん、金子至さん、秋岡芳夫さんがご一緒だったことが鮮明です。それに桑沢先生はかなりウルムに関心をもたれていました。ウルムは一九五三年が仮開校、五五年が正式開校、桑沢デザイン研究所も同時代ですからね。一九五四年、日本から最初にウルムに行かれたのは横浜国大の建築家の河合正一さんで、河合さんからもすでにウルムの経験をお聞きになっていた。桑沢先生が後に設立された「東京造形大学」の「造形大学」という命名は「ウルム造形大学」とリンクしているのではないでしょうか。

桑沢デザイン研究所でのぼくの授業は特別講義のような形式ではなかったかと思います。河合正一さんから「一緒に演習をやってよ」と頼まれたり、千葉大・工業意匠の山口正城先生からも「組んで演習をやりませんか」とたびたびお誘いを受けたのですが、ぼくはその頃、研究生として産業工芸試験所にいて、山脇巌先生のご依頼で日大芸術学部にも教えに行っていました。なかなか定期的な授業というのは、難しくてという感じでした。

桑沢での授業や講演で一番よく覚えているのは、一九六〇年の世界デザイン会議についての経験を、剣持勇先生と同日に連続の講座としておこなったこと。それから、桑沢先生も、研究所の方々も、ウルム造形大学の共同創始者で初代学長のマックス・ビルの思想やデザイン観にたいへん関心を寄せていらしたので、一九六七年にビルの秘書でデザイン評論家のマルギット・シュターバーが大阪芸大の招きで来日した際、桑沢でも彼女にぼくの通訳でビルについての講演をしてもらいました。それらの機会に経験した会場の熱気をよく覚えています。熱気といえば、桑沢デザイン研究所には、各方面から第一人者の方が教えに集まって、研究所のスタッフや学生ともども、日常そのものがるつぼのように燃え上がっていたのではないでしょうか。ものすごい活気がありましたね。それは、やはり桑沢洋子さんというきわめてユニークな個性の魅力と思想によるところが大きかったと思います。

川喜田さんの構成教育の影響も大だったと思うのですが、桑沢さんはたいへん合理的な考え方をお持ちだったし、生活と結びついた造形の必要性や重要性について、はっきりとした確信をもたれていました。ぼくには、桑沢先生は、桑沢デザイン研究所を展開していくうえで、当初から広く生活世界と結びついた具体的なデザイン・プロジェクトや研究を、推進できるような研究所の設立を夢見ていたのかもしれないという想像があります。

なぜかといえば、一九五九年、豊口克平先生が産業工芸試験所を退任される頃、桑沢さんには研究所内部に豊口先生を中心に生活全般にわたるデザイン研究所をつくる構想があって、「桑沢さんも望んでおられるので君も協力してほしい」という、豊口先生からの話がありました。ところが、時期早尚というのか、いつかその話は消えて、先生個人のデザイン事務所を開設するから協力してほしいという話に変ってしまいました。しかし、ぼく自身、桑沢先生から直接聞いたわけではないので、今では確かめようがありませんが、桑沢先生だったら、そうした構想や夢があったとしても決して不思議ではないと、その話を今でも信じています。

桑沢先生は飲むのがお好きで、ぼくは飲めないから、飲む相手にはならいんだけれども、一九五八年の夏から蓼科の山荘にお招きを受けるようになって、よく飲みながらお話をする機会を持ちました。桑沢さんはとてもさっぱりした人で、そこがたいへん魅力的でしたね。男女の区別がない。前衛的で、しかしキャリアの癖がない。まあ、ほんとうに竹を割ったような気持ちのいい方です。スラックスや独自にアレンジした和的な衣服がよく似合った。モダンな新しい江戸っ子ですね。江戸職人の家庭に育ったぼくには、とても響き合うものがあった。たまたま、桑沢先生のお隣が家内の両親の山荘だった。実は、それが縁で家内とも知り合うことになったんです（笑）。

［武蔵野美術大学にて二〇〇四年一一月一八日、インタビュー＝沢良子］

矢野目鋼

やのめ　こう

●基礎造形分科会

確か勝見（勝）さんに「きみ、ちょっと行きなさい」といわれたのが、桑沢に来るきっかけだったと思うんだ。それから勝見さんは「石元（泰博）さんも推しているよ」といわれた。桑沢の授業に出るようになる前から、石元さんとはお会いしたことがあるんですよ。最初に行ったのは、青山のピンポン場じゃない、それ以前の隣の方。ドレスデザインとは別に、リビングっていうのができた時の二年目になると思うんです。それから、講師として一四、五年関わっていたんだと思うんですけどね。

当時はそういうふうに、講師は勝見さんが声をかけて集めてこられたわけですから、だれも一つの学校に採用されるという格好ではないんです。みんなが自発的に、勝見さんにいわれて、「じゃあ」といって、それで洋子さんに会ってみて、「じゃあ協力しよう」っていうようなね。最初の先生たちというのは、ひとつの学校の教員スタッフっていう感じじゃないんです。みんなそれぞれ、自由なバラバラな立場でね。専門やそれぞれの所属はあった上で、ひま

Kou Yanome

を作って、青山に教えに来られていた。

デザイン教育自体が、新しい分野だった。確かに、美校（現東京芸大）とか、高等工芸（現千葉大）とか、それから産工試（産業工芸試験所、のちの製品科学研究所）なんてのもちゃんとあって、それぞれに機能していたんですけれど、桑沢デザイン研究所発足時の雰囲気では、デザインっていうのは世間常識でいう、ドレスデザインとは別なんだと。それでグラフィックデザインとか、ＩＤとかね、新しいこれからのっていう感じでね、新しい職業分野という形で脚光を浴びるようになった。そういう雰囲気の中だったんです。敗戦後の社会・経済の復興、絶えていた海外情報の吸収という気運のなかでです。

僕が桑沢デザイン研究所に行ってみたら、桑沢洋子先生がおられたわけですね。それ以前に桑沢洋子先生との関わりというのは何もないんですよ。洋子先生というのは、上に立つ人というか、下の人が上の人を敬遠するような、敬ってちょっと距離を置くというような、そういう人ではなかったですね。組織の人ではない。

僕は横浜国立大では美術科を出たんです。美術で教員免状を取るコースにいたわけですね。ですからデザインの学校、業界との関わりがないわけです。教員としてのトレーニングっていうのも何もないんです。教育実習で初めて先生になる練習をしたわけですが、そこで、こういう授業やります、といったペーパーを書いてね、そんなことも教育実習の時に初めてやらされた。

桑沢の学生の中には、僕より年上の人がいっぱいいてね、みんなちゃんとしたおじさんでしょ。今にしてみれば、なんで文句が出なかったのかと思うね。「あんな若造に来てもらって、なんも知らないじゃないか」なんてね。まだ二四、五歳だったから。林進さん、嶋田厚さんらは講義の方の先生で同年輩でしたが、そういう年齢関係からも、いわゆる教育、教え導く立場という責任感はあんまり持たなくて済んだんですよ。教室でやった課題はすべて実験的な試み。いろいろ条件を設定して、ここを押していったらどんな結論・解決を導くだろうかと考える。自分でやりゃいいんだけど、多数の学生にやらせるといろんな回答が出てきて、みんなこっちが得しちゃうわけですよ。自分が手をつけて問題に取り組まなくても、いい問題を与えれば、いい学生が何人もいて、それぞれ違った答えを持ってきてくれる、これが良かった。それでこっちも育つわけね。だからだんだん本式の先生になっていくわけです。

今の先生は大体お手本があってね、みんなデザイン学校の出身で、教える立場に立った人でしょ。僕はデザイン学校を出てないですから、お手本が何もないんですよ。お手本を探したりなんかしなければいけなかったんでしょうけど、そういう意識がなくて、何もかも自己流自我流でね。何も勉強しなかったわけじゃないけど、よく上野に行きました。直接デザインの勉強のためじゃなくてね。上野の博物館の東洋館とか本館とか。後で西洋美術館もできたし。箱根の美術館と熱海の美術館とかもね。ああいう優れた作品を見るのが楽しい、っていうんじゃない、やっぱり惹かれて行くんですよね。非常に惹かれて、よく見に行きました。セザンヌの展覧会にも何度も行ってね。それからアンセル・アダムスの写真の展覧会もよかった。大きく伸ばしたプリントの作品なんかもう見ましたねえ、ジロジロじっくり。そういう謎にみちた作品を見ることで、裏側から頭を充電して、それで前の方で、つまり桑沢でいろんな課題の形で出していった。たとえば、色彩構成では、江戸時代の「誰《たが》が袖《そで》」と、フランス十八世紀世俗画と、マックス・ビルがヒントです。

授業の最初の頃は、立体構成からやったんじゃないかな。それから木を削るハンド・スカルプチャーっていうのがメインだったですね。それに写真の基礎や平面構成や色彩構成なんかもやるようになって、段々内容も手広くなりました。私にとっては良い場と良い時代でありました。

［矢野目宅にて二〇〇四年一二月一一日、インタビュー＝三浦和人］

横山徳禎

よこやま　やすよし

●ビジュアルデザイン分科会

私は若い時からパッケージが好きでね、他の人のように、デザイナーになってどうのっていう気持ちは強くなかったんです。しかし、新しい視点に立った、新しい時代にふさわしい包装考案を、自分の仕事の基点にしたいという強い気持ちを持っていました。で、卒業する時も、「横山君就職決まった?」なんて聞かれるわけ。色々話もあったんですけど、「学校にお世話になることになりました」って言って、「まぁ教えることも大事なことだからね、いいじゃないか、頑張ってやんなさいよ」と励まされました。そして昭和三三年四月に桑沢に入りました。とにかくパッケージをもうちょっと強力にね、「ああ桑沢に行くと、こういう人がいるんだな、こういうことやってるんだな」ということを認識してもらうことのためにも、もう少しきちんとした形でやりたいなあと思っていたわけです。

当時千葉大教授で、色彩がご専門の塚田先生が、桑沢に講義に来ておられました。時間的には月に一回、あるかないかという程度だったんです。その内容は、色彩よりも、包装分野に関わることの方が多いくらいで、デザインの一分野としての重要性や必要性などについての講義その他で、その考え方を伺って触発されました。昭和三六年度から研究科がスタート。その少し前頃からスタッフの一員として関わらせていただきました。委員会を作って、研究科にどんなコースを置いたらよいのかなど、かなり議論をしました。グラフィックは誰それさん担当、インテリアは誰、ＩＤは誰々って。それぞれ分担するようなかたち。色々なこと勉強しましたね。みんな力を付けてきて、デザイン分野それぞれの現状や将来像のありようなどの様子も分かってきました。これまで話題になることが少なかったパッケージという分野も、正式にコースとして置き、その分野の教育・人材育成やろうということになったわけです。

そういうことでパッケージを研究科の一コースとしてスタートさせました。デザインというと、どうしても外側の形とか色にこだわりすぎたり、狭い範囲で考えをまとめてしまう人が少なくありません。で、パッケージはね、絶対にそういうことでは成立しないんです。見てくれだけで評価が下されるってものじゃないんです。やることがたくさんあるわけです。ですから私は、単に器（うつわ）として考えるんじゃなくて、中身の製品、物品と一体にしたいという希望を持っているわけ。そうじゃないと、パッケージっていうものは成立しない。ひとつの商

Yasuyoshi Yokoyama

品デザインとして作っていかないと、パッケージって駄目なんですよ。色が綺麗だとか、目立つとか、そんなことをクリアするだけでは駄目だし、それから、素材も様々でしょ。素材によって加工方法も異なり、デザイン手法も違ってくる。素材の選定ができないと、前へ進めないわけですよ。で、材料・技術の講義も、週一回、一年間入れてました。それから最終的にね、販売商品になるから、物をどう売るか、売れる物をどう考えるかっていう、いわゆるマーケティング。それが考えられていないと駄目なんですよ。で、それも入れこんだわけです。

パッケージ商品は競合が激しいものだけに、様々なアイディアが常に表し出されていないと受け入れてもらえない。単なる美しさだけのデザインでは通用しない時代になりつつありましたからね。学生には、ともかく勉強しろ、勉強しろっていいましたよ。生産現場の受入れ状況がどうなのか、いつまでにそれが出来るのか出来ないのか。それと絡んで今度は技術的な問題。デザインはこうなっているけど、これではどうしても型から抜けないとか、この素材だと中身が変質する恐れがあるから駄目だとクレームがつくなど、問題がいっぱいあるわけですよ。それらをクリアしないと駄目なんです。そうこうしているうちに高度成長期が到来、日々どんどん新しい包装商品が登場するわけです。いつまでも同じ姿をしてたんじゃね、物、商品として売れないから。

今は卒業展という呼び方ですが、かつては、長期にわたり公開展と称され、やはり大変な行事でした。最初の頃は全員がそれに取り組んで、壁を作ることから展示まで、全部学生がやったわけですよ。会場としては外部を借用、例えば、都の産業会館、百貨店の東急・小田急、変わった所では国立競技場内の展示ブロックなど、それぞれかなり広い空間に壁を作って立てて、作品を飾る。これは非常に楽しい思い出です。そこで、みんな共通の目的を達成することで友達の輪が広がってくるわけ。

二年か三年やったと思いますが、バス見学という校外授業があったんです。これは時間割に出てこない授業。観光バスを借り切って、常勤・非常勤の先生達を乗せて、窓から街を見ながら色々議論するわけですよ。あの建物がどうとか、あそこの広告は汚いとかね。ちょうど住宅団地が生み出されてきた時代だけに、いい研究材料、検討材料って言うのかな、対象素材がいっぱいあったわけ。二クラスだったのでバス二台、途中で先生が入れ替わる。色々議論したり、説明に感心したり、はしゃいだり、あれは効果ありましたよ。今でもやると面白い。しかし、交通渋滞が激しくなり、行動が制約されるなどで、時間通り動けない。まあ実施面での手間もかかるしね。それでなくなったような面もあります。しかし方法を工夫すれば復活出来ると思いますよ。さらにそういう発想を少し転換することで、かなり多様なアイディアに発展させられるのではないでしょうか。

［桑沢デザイン研究所にて二〇〇四年一一月二日、インタビュー＝伊藤櫻子］

四本貴資

よつもと　たかし

●ドレスデザイン分科会

大学で理工学部行っててね、終戦になって結核やったんですよ。それが治ってからどうしようかと思った時に、たまたま染色を勉強する機会があったわけです。そしたらすぐにね、女子美術大学に工芸があるから、教えに来ないかって事になった。昭和三一年に講師になっちゃったんです。ところが理工学部だから美術系は全然やってないでしょ。応用化学やってたから、染料の関係でやれたんだけど、全然、美術系の勉強をしてなかったので、こりゃなんとかしなくちゃいけないと思っていたら、たまたま、その前の年ですかね、桑沢デザイン研究所ができた。それで三十年かな、試験を受けたわけですよ。夜間部に行ったんです。結構あの頃は、建築家の卵とかデザイナーとか、錚々たるメンバーがいたんですよ。すごく面白かったんですね。リビング・デザインで一年間勉強して、どうにか卒業しました。

昭和三五年かな、銀座の小松ストアの裏に「小松ギャラリー」というちょっと広いギャラリーがあったんです。そこで僕らのような世代で「国画会三人展」をしていたら、ちょうどそ

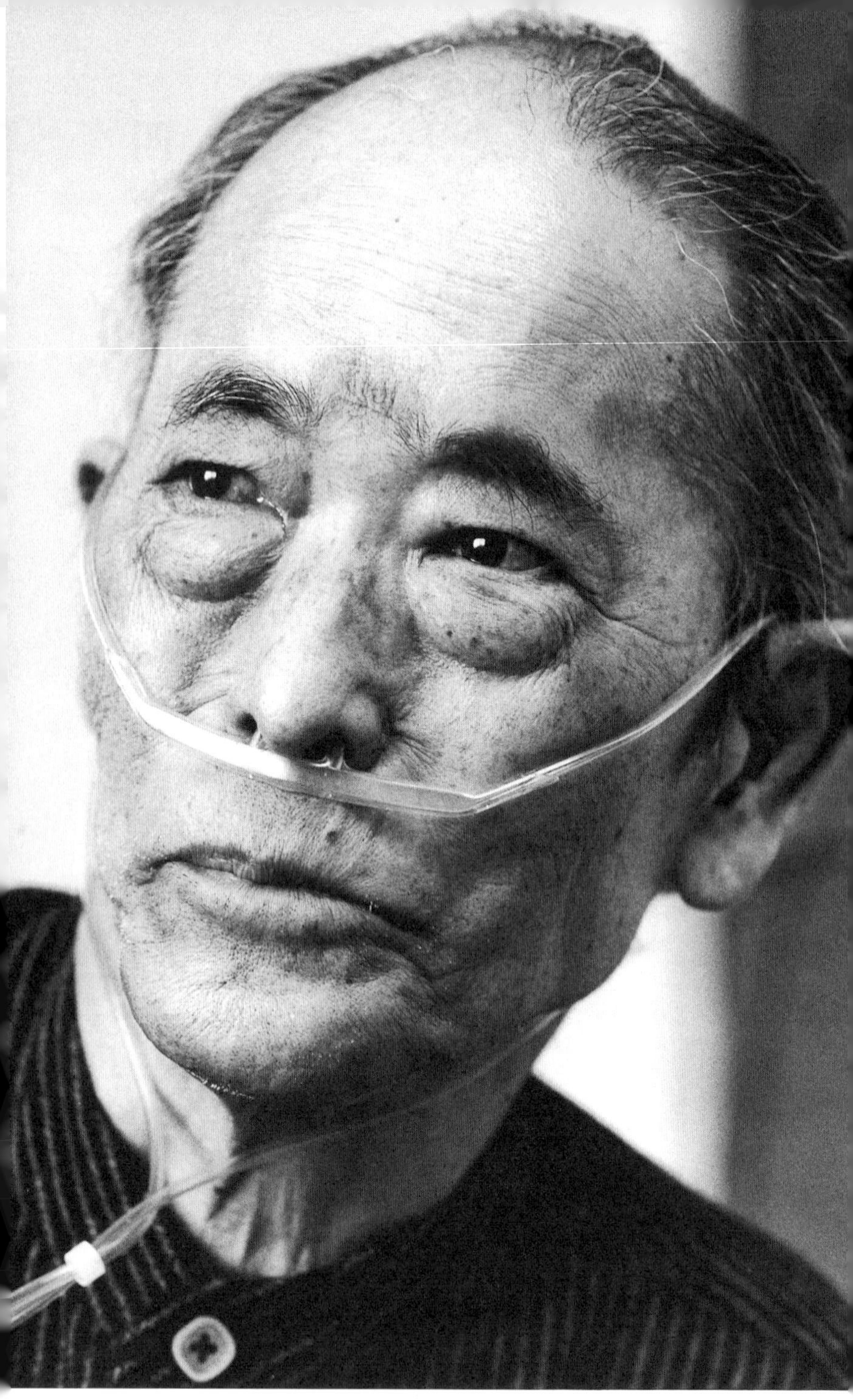

Takashi Yotsumoto

の時桑沢の卒業生の結婚式があったらしくて、桑沢洋子先生とか高松太郎さんとか、みんなでゾロゾロと僕達のところへ来てくれたわけですよ。その展覧会を見てくれて、面白いっていわれてしばらくたってから、海本小織先生がぼくのアトリエに来て、染色を教えてくれとおっしゃってね。「私は先生の代わりに来た」というんですよ。それが桑沢との関係の第一歩っていうのかな。それで、週に一度だけ、染色の手ほどきをしたんです。そしたら、そのうち桑沢先生が「私は桑沢学園創立十周年には大学を作る。その時、あなた女子美をやめてこっち来てくれるわね?」って強硬にいわれてね。十周年ですからね、まだ十年のうちにどうなるかと思っていたから、「良いでしょう」なんて簡単にいった。そしたら、いよいよできちゃったわけですね。

教鞭をとるようになったのは渋谷ですね。染色なんていうのはあんまり理論じゃないですから、実践をやるしかない。実際に布を作らせるということ。だから大学を作る前に、週に一日、桑沢デザイン研究所のドレス科の三年生に教えてくれっていわれて、地下の一番奥の部屋でやったんですよ。十数人居ましたかね。女子美大の学生とは大分違いましたね。すごく流動的というか。男の子は少なかったですねぇ。女の子と男の子が一人二人。結構人数は少なかったから、楽しかったんですよ。

僕らの学生はみな大人だったからね。学生とたまに語らうっていうのかな、そういう意味では楽しさがありましたね。食事に一緒に行くとかね。「どっか美味しそうな所へ連れてけよ」とかっていって。

造形大学にテキスタイルデザイン専攻ができたとき、僕はまだ四十そこそこで、助教授の資格はあった。桑沢先生が三、四年、テキスタイルデザインの主任教授をやられていたわけです。それで「テキスタイルをつくるにあたって、あなたに一任する」ということをいわれて、僕は昭和四十年に、ヨーロッパに行って、スウェーデンの美術学校とか、英国のロイヤル・カレッジ・オブ・アート、フィンランドの美術学校を見たりした。僕はアートだけじゃなくて、理工系の染料とか繊維と併合したような専攻を作りたいと思っていた。でもスウェーデンの美術学校行っても、いわゆるアートですよね。理工系はあんまりない。それでマンチェスターの工科大学行ったら、断然理工系でしょ。結局良い参考資料はなかったけど、多少それを参考にして、カリキュラムを作ったわけ。全部僕が概念を書いて、桑沢先生から承認を得るような形で進めてきました。

洋子先生の思い出もいろいろあるけど、僕はあんまりお酒飲めないですからね、桑沢先生はお好きでしょう。ちょっと付き合い悪かったんですよ。ただ向こうは学長ですからね、気楽にいけないいけども。とにかく「テキスタイル・カリキュラムについては、あなたに一任するよ」ってはっきりいわれたんですよ。それは僕も嬉しかったし、他の先生に文句いわれないでね、学長にいわれたからということで僕がやってきましたからね。実際、桑沢先生はテキスタイルの授業には、あまり出てこなかった。ほとんどこっちの責任っていうのかな。誰でもいうことだけど、洋子先生は素晴らしい人ですよ。グローバルにものを捉えられて、自分で意見をいえる人だった。将来を指向してるっていうかな、そういう意味では、もうついて行こうっていう気になったんですよ。ああいう遠くを見られる人っていうのはあんまりいないですね。当時テキスタイルの専攻を作るというのは素晴らしいことで、それからあちこちテキスタイルができましたね。ただやっぱり、昭和四五、六年の造形大学の紛争の時はひどかったですね。あれは見るに堪えなかったですよ。学長を吊るし上げる機会があったりして。めちゃくちゃいうからね。あの思いは本当に嫌だ。僕の力でどうにもならないから、桑沢先生が気の毒だったなぁ。

［桜湯園にて二〇〇四年一二月二五日、インタビュー＝沢良子］

寄稿

海本小織／大空淑子／金子　至／根田みさ／高山正喜久
田中　淳／平野　久／矢沢宏司／矢野目八重子

Saori Umimoto

海本小織

うみもと　さおり

●ドレスデザイン分科会

桑沢デザイン研究所の創立は一九五四年のことでした。新しいデザイン教育が始まり、その一期生としての私は研究生として、また、先生としての役割りもかねる、研究の日々で、桑沢洋子先生からは、桑沢の歯車の一つといわれ、朝から夜まで、授業担当があり、大変でした。最初は、私より年上の生徒さんが多くて、真鍋（一男）先生が、「教室で、誰が先生かわからないじゃないの」とひやかされたりしましたが、当時、若かった私は、「先生として自覚してますから、大丈夫です」といって、教育に情熱を注ぎました。今、振り返ってみますと、その日々が私の基礎力となったと思っています。

当時の「桑沢」での独特な教育方法が展開されるなかで、基礎造形の発想法や色彩、構成等、またデザイン原論や西洋服装史、デザイン文化論は、私にとって興味深い科目でした。それらが原動力となって、その後の私は、桑沢デザイン研究所や目白女子短期大学、東京造形大学の授業で、それぞれ、独自の内容を展開することができたと思っております。

私は学生の個性を大切にして、各自の（自由な発想）から「創作デザイン表現」のための教育に、特に力を注ぎましたが、そのような課題に対して、感性の集中力によって応えた多くの学生たちと、時間を共有できたことは、私にとって大きな喜びでした。

現在は、いままでの仕事の集大成として、十年前から、独学で彫刻の創作を続け、個展やグループ展で作品を発表しています。

私の個展のときに、桑沢デザイン研究所を卒業後も毎年年賀状をかかさず送り続けてくださった、四期生の古川登志子さんが四国・坂出市から上京されて、四五年振りの感激の再会となりました。古川さんはドレスデザイン科で、私が二十代の時に担当した三十代の生徒さんで卒業後は、ドレスデザイナーとして、活躍されました。その他、新聞や月刊『ギャラリー』を見て、個展に駆けつけて下さった卒業生たちの暖かいお気持ちを嬉しく思っております。

初期の「桑沢」は新しい期待に満ちた、本当に素晴らしい学校でした。今後も、心豊かな創作をめざす学生たちが集う、新しい時代に生きる研究所としての独自な発展に期待しています。

五十年前の桑沢洋子先生との出会いから、私の人生は活気づきました。今は、深い感謝の気持ちと共に、創立期の「桑沢」の情熱を懐かしく想います。

大空淑子

おおぞら　よしこ

●ドレスデザイン分科会

私は終戦の年に女学校を卒業し、戦後の衣食住の不自由な時代を過し、自分の着るものは自分で作らねばと自己流に作りましたが、本格的に勉強したいと思い、友人の紹介もあり青山の洋裁学校で二年近く一通りは勉強しました。

たまたま新聞に桑沢洋子先生の「衣生活について」の講演会のお知らせがあり、早速行ってみました。初めてお逢いした先生は細身で理智的で素敵な方でした。講演もとても身近に感じられ親しみを覚えました。その時に、今度多摩川方面に洋裁学校を作られるとのお話があり、それが昭和二三年四月から開校となりました。多摩川洋裁学院は目蒲線、東横線の多摩川駅（もとは多摩川園前）にあり、多摩川の丸子橋から上流に向う川沿いで、日本家屋の住宅でした。お座敷が教室で、坐って授業を受けました。生徒は年令に幅があり、すでに洋裁の勉強をしてきた人達でした。当初の授業は作図が主体で、服の理論、感覚も含めて服に対する考え方を随時お話し下さいました。桑沢式原型は胸囲寸をもとにして割出すものです。先生は雑誌やスタイルブックなどに沢山発表されており、常に研究実験され、より合理的な製図法を生み出していました。私達も毎回楽しみにしていました。翌二四年に下谷に洋裁学校が建設され、桑沢先生にその院長先生にとの依頼があり、検討を重ねられて引き受けられました。そこで多摩川洋裁の生徒の中から五名ほどお手伝いすることになり、他に浦和で洋裁学校をしておられた方も加わって、昭和二四年四月から始まりました。校舎も大きく生徒数も多かったです。私はまだ経験不足でしたから、一生懸命に勉強しながら勤めました。学院では服づくりだけでなく、デザイン感覚訓練、デッサン、他にコーラス、体操など幅広く、生徒は楽しんで学びました。桑沢先生の理想で多くの学びたい人達にも呼びかけての気持から、働く人のきものショウをYMCAの講堂で催したり、翌年には夏期講習会を催し、講演や技術などの研究発表会をいたしましたが、バザーもありました。

二五年夏頃から下谷の洋裁学院の経営者は儲けることのみ望み、桑沢先生の教育方針に反対し、お互いに妥協できず、二六年三月で手を引くことになりました。多摩川洋裁学院にニュースタイルの学生達一部が移り賑やかに授業が始まりました。KD技術研究会（桑沢ドレスメーカー技術研究会）が発足しました。

当時『婦人朝日』主催で、桑沢洋子の講演会および服装相談会が全国的に開催されました。

Yoshiko Ohzora

前々から婦人雑誌やスタイルブック誌などで先生のファンが多く、もっと専門的に勉強したいと希望する声があがり、多摩川洋裁学院の職員および卒業生および、服装文化クラブの一部の人達が中心になって、KD技術研究会を発足いたしました。この会は流派を問わず洋裁を研究したり、教養を身につけたい人々の集まりです。KD技術研究会では集中的に夏期講習会、発表会（ファッションショー）、KDニュースの発行など、洋子先生の指導を受けながら、お互いに研究し合い、共々に協力して発表したり、機関誌の記事作りに協力し、よい勉強になりました。

桑沢先生は学生達を見ていて、だんだんに職業人コースとして本格的なドレスデザイン教育をしたいと思われ、多摩川洋裁では無理だと決断され、二九年三月で終りにされました。ご自分の力で研究所をやりたいと願っておられた時に、思いがけず青山に土地を借りることができ、ご姉妹の力と皆々様の協力で新しく桑沢デザイン研究所が誕生しました。新しい研究所はドレスのみでなく、リビングデザイン（中にビジュアルデザイン、プロダクトデザイン、スペースデザイン）が含まれて、最初は基礎デザインを指導するこの当時日本では珍しかったデザインの研究所で、本当に素晴らしいデザイン界で活躍されておられる講師陣により指導がおこなわれました。

私は子育てと重なり、桑沢デザイン研究所での授業は十月からとなりました。

私が担当したのは主に技術面での授業で、桑沢先生から指導されたものを自分なりに研究しました。服作りの基礎を、服の性格、歴史、決められたこと、実物製作までの過程を通して技術、先ず量感と同時に機能性と人間の動作との関係、着易さなど、共々の用途として考えるべきこと、素材の研究…を考えさせました。非常勤に変りましてから、立体裁断をするようにといわれ、私の知識のみではと責任を感じ、フランス式の立体裁断を原のぶ子先生に学びました。立体裁断は人台に直接シーチングをつけながら、地の目に忠実に形を作る、直ぐに形が作れるので解り易い良さがあり、正しく布が置けないとくずれるむずかしさもあります。更に研究クラスは基礎から応用まで進み、アパレル産業がどんどん発達して、アパレル方面への就職者も増えましたので、アメリカ式の合理的でくずれにくい立体裁断を、大野順之助先生に学び、桑沢での任期中は新しい感覚をつかむ上でずっと勉強していました。

学生達にはアパレル用人台を全員には当りませんでしたが、守るべきテクニックの表現方法など考えながら指導して、感覚面では学生の考えを認めながら、私の持つ桑沢感覚で指導しています。特に量感は意識しました。

多摩川の学校に行っていた頃、先生を誘って五人くらいで、三つ峠に行きました。峠だというので全くきつくないと思ってましたら、結構きつい登りでした。頂上のお茶屋さんで一休み、ビールなど飲んでみんな一眠りして下りてきましたら、遅くなって途中からトラックに乗せてもらい、麦わらの上に乗って駅まで帰りました。皆若かったのだなと思います。

やはり一番の想い出は、「桑沢洋子の服飾デザイン」の本を先生が最後に残しておきたいと思われて作られた、桑沢デザイン研究所のドレスデザインの教科書だと私は思います。これのお手伝いをさせていただき、ご自宅や撮影スタジオにも行きましてお手伝いしながら、沢山の勉強をさせていただきました。晩年は、お体がきつい中をご無理して頑張っておられたお姿が今でも目に浮かびます。ありがとうございました。

金子 至

かねこ いたる

●インダストリアルデザイン分科会

各デザイン関連の創設が一、二年の差はあってもそれぞれ五十周年を迎えた。「日本インダストリアルデザイナー協会」（ＪＩＤＡ）は一九五二年（昭和二七）に創設されたが、その前年二六回の会合によって結束、結成、創設となった。資料によると私は欠かさず出席しているが、記憶を編みあげることは加齢のためか不可能に近いが、士気昂揚の感は印象に残っている。その翌年が「デザイン学会」の創立であり、勝見勝氏から「手伝ってよ」の一言からと記憶している。「桑沢デザイン研究所」の創立はその翌年であった。

桑沢洋子氏については、戦前後述の小出勇三兄からは、初め建築家志望であったと私は記憶していた。その関連から想い起こすと、工芸学校の助手の時代を経て、建築界の巨匠といわれた、フランク・ロイド・ライトのスタッフとして、一九一九年（大正八）帝国ホテル設計建築のために来日したアントニン・レイモンド建築設計事務所に勤めた時期の四年前、洋子氏の手記によれば、大阪に本社をもつ建築雑誌『住宅』の東京での取材記者として、レイモンドとその私邸を取材に訪れているのである。霊南坂の私邸は一九二四年（大正一三）デ・スティル後のシュレーダー邸と同年の作であり、しかも大正期の東京に、コンクリート打ち放しの壁面をもつモダンデザインの出現であった。

戦前といっても、一九三七年（昭和一二）の頃のレイモンド設計事務所は、前川国男が独立し、レイモンドに信頼のあった杉山雅則、吉村順三、ジョージ中島ほか俊才が揃っていた。レイモンドにおける私のワークは、ノエミ・レイモンド夫人のデザインによる実測の作図化であった。家具はもとより、暖炉のファイヤードックから、箒にいたるまでデザインされていた。デザインは整理された構成であり、私には柔軟で気品のある造形を感じさせた。これらと建築構造細部を含めた詳細図集であり私はその一部を担った（"ANTONIN RYMOND ARCHITECTURAL DETAILS" 一九三八初版）。

戦後『自伝アントニン・レイモンド』の五百頁大判、英・和の二冊が贈られてきた。三十年以上も経って改めてノエミ夫人を知ることができた。「ノエミはマルセーユ生れ、母はジュネーブの知的な貴族であり、その祖先はジャン・ジャック・ルソーの家系であった」とされている。多分洋子氏はノエミ夫人に私邸で会われている筈である。

戦前のレイモンド事務所は一九三八年に一応閉じるが、その翌年私は国立工芸指導所に勤めることになった。仙台を支所として、東京に本所を移した時でもあり、新たな人事から加

Itaru Kaneko

わった小池新二、新井泉、勝見勝、そして建築家バウハウスの山脇巌が造形室長として私達の上司となり、そのもとに剣持勇、さらに五名の部下に加わった建築の小出勇三と、私もその一人であった。小出兄は洋子氏とともに川喜田煉七郎設立の「新建築工藝学院」を経て、同学院出版の『建築工芸アイシーオール』誌の編集担当であった。なおこの学院には山脇巌、道子夫妻ともに講師であり、後に「実験住宅」と称した山脇邸も洋子氏は取材されている。その後道子夫人から「二度お見えになりました」と私は聴いている。多分マルセル・ブロイヤーのパイプ椅子（一九二八）なども記事中にあったと推測されるが、残念ながらその頃の『住宅』を見付けていない。

洋子氏の全貌を知ることができたのは、この小出兄が特に私に話したことからである。すばらしき女性として詳細にわたる称賛の「桑沢洋子論」であった。

戦中、キの102戦闘機翼端の木製化設計の途中で私は出征となり、中国長江の武漢、陸軍軍司令部の所属であったので、タブロイド版の日本語新聞を見ることができたが、むしろ日本内地の情報が心配であった。二年半後の復員で工芸指導所に戻った後、一九四八年（昭和二三）から約五年間同所編集の『工芸ニュース』誌（一九三二年創刊）の編集担当となり、五一冊をもって辞任した。それは活字上のデザインではなく、製品そのもののデザインを目標として、秋岡芳夫、河潤之助、金子至で「ＫＡＫデザイングループ」を組むことができたからである。しかし草創デザイン依頼があるはずがない、この時期家庭の生活用具は満足なものは少なかった。それならば自分である程度納得するものを作る「家庭の工作」「日曜大工」の発想である。早速一般の手に入りやすい建築材の幅木とベニヤ板の二種を主に限定し、約五十種の実物と写真、設計図、解説と原寸図を織り込み発行させた。発想から発行まで三ケ月という驚くほどの早さであった。このスピードはグループのシステムによる。二ケ月後当時東京千代田区内幸町にあった「日本放送協会・テレビジョン局教養部（現ＮＨＫ）」から毎月一回の「家庭の工作」出演と、『婦人朝日』の記事原稿の依頼であった。テレビは当時録画ができなかったので、三度の繰り返しめが本番であったが、私達はまだテレビを持たなかった。テレビ放送開始からの翌年で、これも同じく五十周年となる。勝見氏は本業のデザインはと心配して見えているが、その時点では企業との工業デザインとして契約も成立していたので、一三ケ月も続けた偉大なる二社にお断りいただく電話はむずかしく、手の汗は受話器を滑らせた。

初めて洋子氏とお会いしたのはその頃であった。繊維会社の展示会のディスプレイを手伝うことだった。挨拶もそこそこというより、お互いにすでに分かっているという感じで、それより仕事優先、日本橋三越一階広場を繊維で埋めた。洋子氏との初対面は徹夜であった。

「桑沢デザイン研究所」創立。片仮名のデザインを冠した教育機関はわが国では初めてである。創立以前の教育方針から、私の担当は最終的には工業デザインであるが、当初は大戦後の後遺症のごとく、次世代の学生は生活のなかのものもまともに分かっていない現状であった。その初期として単一素材からの工芸的分類上の道具からテイストとして実物持参の講義から初めたのは開校当時をわずかに過ぎた頃と記憶している。

「桑沢の」という言葉がでると、「いつご卒業でしたか」と尋ねられたことが度たびあったが、いつも答えが不用意だった。

根田みさ

こんだ　みさ

●ドレスデザイン分科会

戦争直後、たくさんの女の人が洋裁をやり始め、古い服や和服で自分のものや家族の服を作ったりした。全く洋服など買えない時代で、私も裁縫が好きでないけれどそうせざるを得ない状況で、近くに洋裁学校がまるで雨後の筍のように沢山でき、そんな一つを探し三年程通ったりした。まだ桑沢先生も何も知らない頃で、『婦人画報』や『装苑』などの雑誌が出はじめ、いわゆる洋裁の記事をざっと見てみた。その中で桑沢洋子の書いたものが私には、デザインがシャープで製図の理論がピンときた。この人に習いたいと婦人画報社に問い合せ、そこで服装相談室を開いていることを知り、初めて桑沢先生に会った。同じように先生を必要とする人が全国から数多く集まり、そうした中の一人の縁で、多摩川のほとりにお座敷に机を並べた多摩川洋裁学院が誕生した。いわば桑沢研究所の前身ともいうべきこの学校は六年続いたが、桑沢先生が実際にやってたのは五年間で、後の一年は念願の桑沢デザイン研究所の設立準備のためやめられた。

Misa Konda

多摩川洋裁学院で私は入学後の半年から教えろといわれ、九月からの新入生を迎えると生徒でありながらすぐ教えた。本当は嫌いだった洋裁だが理論は好きで、人間の体がこうなってこう動くから平面にすればこうなるという製図理論とか、縫うことにしても理論的に持っていけばシャキッとくる。ただここはこう縫います、こういうふうにしますっていうのではない。そこを桑沢先生はピシッと答えてくれた。それに先生のシャープですばらしいデザイン感覚。当時売れっ子デザイナーの先生は大忙しで、私たちの授業の時も他の仕事が重なり出かけることがあって宿題を出される。これをやっておきなさいと、デザイン画を黒板にさらさらと描いて、作図を考えて来なさいと。先生は自分でデザインしながら教えていたのだ。

桑沢先生は服飾デザイナーの前は編集者で、昭和初期に建築家の川喜田煉七郎の主宰する新建築工藝学院で学び、バウハウスを知り、気鋭の編集者（主として建築、後に服飾も）として活躍していた。さらに桑沢先生は、戦前から慶応出のモダンで筋の通った理論家の伊東茂平氏の学校で半年程洋裁の技術を学ばれたとか。私も後に桑沢で教えながら二年間伊東へ通った。その頃まだ六十代で元気な茂平先生に接し、その生活ぶりから徹底してモダンで理論的なすがたに驚き感心させられた。

桑沢先生は一見男っぽいが本当はとても女性的な人だった。東京の下町っ子で、私も父が浅草生まれなので、喋ってると語尾がビュッビュッと飛ぶ。先生も「あんたと私よく似てるわね」と。すべてなさることが明快で、ズバッズバッと気分がいい。でも実際に接していると非常に女性らしい。情が深い。そういうところに魅かれていった。先生はお酒飲んでも頭の回転はすごく早かった。

青山に桑沢デザイン研究所を開校した昭和二九年に私も多摩川から移って、新しいシステムのドレスデザイン科を担当した。併設されたリビングデザイン科はその名称さえ一般に知られずごく僅かな生徒数なのに、各デザイン分野の最優秀な先生方が何人もいらして、私もドレスデザインを教えながら空き時間をリビングデザイン科の授業（当時は夜間）に通った。ドイツのバウハウスシステムの総合デザインということで、生まれて初めてデザインの基礎である色彩や構成を学んだ。当時デッサンを教えていらした朝倉摂先生や、後にテキスタイルデザインを担当なさった四本貴資先生等と机を並べて、オストワルドシステムを夢中で勉強した。当時日本には訳本がなく担当の橋本徹郎先生は原書を訳しながら、楽しい実習指導をして下さり、五十年経った今も忘れられない。教育大で斬新な構成教育をなさる高橋正人先生の教室にも出て、長年やってきた洋裁を上まわる熱心さで取り組んだ。

あの青山の今はない小さな教室は、今でも心に強く焼きついている。勝見勝先生のデザイン論は当時でも第一級だった。桑沢先生はそうして私たちに近代デザインの目をひらかせて下さった。

この創立当初、青山校舎においてデザイン教育の数々を学び得た。後に桑沢先生の後を担って二代目所長に就任したが、急成長の桑沢デザイン研究所をどうにか支えてこられた根幹がこの初期の体験にあったと思う。

Masagiku Takayama

高山正喜久

たかやま　まさぎく

●基礎造形分科会

私を育ててくれた桑沢デザイン研究所が創立五十年になったとのことで、もうそんなになったのかと感無量です。以下青山と渋谷へ移転した初期の頃の思い出を書いてみることにします。

私は戦時中、旧制中学の工作、戦後は新制高校の工芸を指導していたが、その頃ある古本屋で川喜田煉七郎さんの『構成技術体系』を見つけ、デザインの中にこんな面白い発想の世界があるのかと一種の感動みたいなものを感じ、どこかで勉強したいと思った。もしその時桑沢が開校していたら、間違いなく私は夜間の学生になっていただろうと思う。結局家に近い早稲田の建築科でやることになったが、これは川喜田さんのお陰と言えるだろう。この点は桑沢洋子先生が川喜田さんの作った銀座の学校へ通われたのとちょっと似ているところもあるので、多少その頃の先生の気持ちがわかるような気がする。川喜田さんの考えがその後の桑沢先生の教育哲学にも影響したのではないかと思う。

私の方は当時東京タワー設計で有名だった内藤多仲さんの初等数学を使った構造の話や、今和次郎さんの独創的なデザイン論など、科学も芸術もおかまいなく面白がって聞いていたのが、立体構成や発想のもとになったように思う。

桑沢先生には直接教わったこともなく、戦前育ちの私のような駆け出しにとって、創設者であり所長である先生は、雲の上の存在であった。畏れ多くて個人的に話を伺うようなチャンスもなかった。ところが先生は、リビング科の私の構成の授業内容を知っておられたらしく、ある時私にドレス科でもやって下さいと言われ、ドレス科で行なっていた人体模型に新聞紙を巻きつける作品を見せて下さったことは、今も貴重な思い出として残っている。もう一つ全く個人的なこととしては、我が家の改築設計図を「こんなものを考えているんですが」と言って見てもらった時、「奥さんの部屋がないんじゃないの」と言われて、あわてて縁側を潰して改良したことがあった。有難かった。今頃になって、もっと積極的にこっちから押しかけていって、いろんな教えを受ければよかった、惜しいことをしたと思っている。

桑沢先生は当時のデザイン界で活躍中の人々との関係を大切にされ、非常勤も合わせた教員の懇談会で、内外の有名な人の話をきく機会をつくられた。私たちにとってたいへん有難い勉強の場になった。また非常勤同士の日常的な雑談も私にとっては楽しく意義のあるものだった。今も健在で活躍中の佐藤忠良さんをはじめ、朝倉摂さん、清家清さん、石元泰博さん、金子至さん等々。特に構成の郡山正さんには、毎週昼休みに哲学などの教授を受けた楽しい思い出がある。

話が前後して申し訳ないが、私と桑沢デザイン研究所との出会いは、筑波大学の前身、東京教育大学の恩師高橋正人先生によるもので、先生から「桑沢という学校の人が君に会ってみたいと言っているので、行ってみなさい」と言われ、何のことかわからぬまま青山の学校へ行ったのがそもそもの出会いである。ピンポン屋改造と言われた校舎で、高松太郎さんと橋本徹郎先生に会った。私は「早稲田の建築科を出たけど、はじめから建築家になる気はなく、学生にこんなことしか教えていません」とマッチ棒で作ったトラス式の立体構成を見せたら、「それをやって下さい」と一発で授業することになってしまった。以来、所長時代も含め、四四年間桑沢でお世話になることになった。

最初の頃は、教えることが少なくて困った。推薦した高橋先生も「君、半年もつかね？」と心配顔であった。私がやった当時の勉強と指導は、他所でやっていない新しい課題を考えることであった。それは私自身習ったことも、やったこともないもので、それらをわかったような顔をして学生にやらせたのだから、私の授業を受けた学生はたいへんだったろうと思う。私の方も、宿題として出した次の週、どんな結果が出るだろうか、と不安と期待で緊張しながら教室に臨んだものである。一つの課題が終わると、また次の新しい課題を考えねばならぬという休みない課題研究は誰にも助けてもらえぬ苦しみであった。今にして考えると「デザイン研究所」という名前そのものであった。教師も学生も迷いの日々であったが、これも一つの教育だったかもしれない。口で教えることよりも、教師が何かを求めようとする緊張と苦しみの後ろ姿の方が、学生に訴える力が大きいような気がする。

バウハウスとはどこかのハウスかと思っていた私も、桑沢のおかげで世間並みの理解ができるようになったが、バウハウスの本当の偉大さを知るにつれて、私は、これに捕まったら逃げ出せなくなるのではないか、という恐怖心と、他人のやったことの真似はしたくない、という多少の見栄もあって、「和して同ぜず」精神は学ぶが、形の真似はしたくない、という考えを持つようになった。バウハウスの具体的な作品例に対しては、斜め方向からチラッと見るような方法で接していた。

田中 淳

たなか じゅん

●基礎造形分科会

私は最高のデザイン学校として、桑沢デザイン研究所を選び、この学校こそ素晴らしく誇らしい学校でした。（以下、桑沢と略記）此度チャンスを頂戴して、先生方にも友人たちにも恵まれた初期の桑沢をお話できることを感謝したいのです。

一九四五年（昭和二十）日本は敗戦し、見る影もなく焦土と化し、全てが打ち砕かれました。父親が役員をしていた宮田自転車で、当時学校出の技術者の一人として、私は働いていました。その後十年間、様々に仕事を変えて、きびしい経済不況の中で懸命に働いていました。エンジニアなのに、家庭用ミシンを売る仕事も体験して、モノを造る・売るだけでなく、他に大切な何かがあるのではないかと、私は考え始めていました。

「いい技術でいい製品を」というテーマで、この「いい」というのは何か？　これが時代の要請で重要な問題でした。雑誌では、美術出版社の『リビングデザイン』が、「デザイン」について判り易く、一般知識人を対象に、啓蒙し続けていました。

評論誌などでも、著名な論考や識者の指摘が増え、デザイン評論家・勝見勝先生、浜口隆一

Jun Tanaka

先生を知り、次に桑沢洋子先生を知りました。有名な先生方が関係して、桑沢洋子先生が、新しいデザイン学校を作る…と聞き、私は昼のリビングデザイン科一期生として、桑沢に入学することにしたのでした。

デザインの基礎、デザイン原理／プリンシプルが、常に教室内では、先生と学生、学生同士、そして先生方の間でも、真剣に語られる。時間を忘れ、熱気に溢れる議論展開なのです。年令に幅があっても、仲間意識に満ちいつも対等でした。微笑みながらも、時には厳しく、烈しく。でも自由な雰囲気で活気がありました。

クラスメートに、学校出、いわば年長組に白石勝彦さん、海本健。更に東大航空学科出で既に高校の先生だった人。若い方では女子美大出の人。家具会社の社長の娘さん。その他高校卒業直後だけれど、私に強い影響を与えた数人、あわせて十名程の学生全員と研究も遊びもいつも一緒でした。

土曜日の午後二時すぎ、鎌倉で授業を終え、我々学生達を指導する為、青山へ来て下さる矢野目鋼先生を待つ時間、日本唯一のボーリング場でゲームをし続け、あの高松太郎先生が呼び出しに来られる結果になるなど、冷汗ものの青山時代の学生達でした。

多忙な有名人で売れッ子の先生方がよく教えに来て下さったこと、今となっては驚くばかり。そのため屢々予定変更の出講時間なので、その日取に合わせた時間割が毎月印刷されていました。実習や講義の傍ら、ガリ版印刷と配布など、同志的結合を感じつつ、私も手伝わせて頂きました。

洋子先生はじめ、お姉さまの雪子先生・かね子先生から、時々お声をかけて頂いて、お茶のご馳走を受けました。桑沢デザイン工房のおかげで、これまた楽しく、談笑の時間を懐かしく追想するのです。デザインコースと違い、リビングとドレスのわけ隔てなく開かれた講義も多く、浜口隆一先生の『デザイン諸分野の連帯性理論』が展開される時期に、ID（インダストリアルデザイン）として、ドレスの仕事を進めておられた洋子先生の大らかさが、二十世紀後半のデザイン界に、桑沢が素晴らしい貢献を果たしたのだと、常々私は誇らしく思うのです。

当時はまだ学校でなかった桑沢に入ったのは、唯洋子先生のお仕事自体に感動したせいでした。仕事の上で、きびしい面がおありでしたが、夜の引け際から後は、ウィスキーをすすめて下さる面もお持ちでした。

初期の入学案内作成では、教育の本筋をハッキリ指摘され指導して下さった洋子先生。本質的観点から「今迄の原稿総てやり直し、コピイもレイアウトもすべて新規に」と仰せつかって、その厳しさに最敬礼。徹夜してでも頑張り通す気持になったのでした。

高橋正人先生補助の教員になった頃から、『社会科事典』（※平凡社刊、十巻本）所収のカリキュラム論をテキストに、自分の教育態度・総合的カリキュラムの視座を固めたいと工夫しました。なお佐藤忠良先生・朝倉摂先生からスケッチに対する姿勢、段取半分の躾を受け、今尚感謝しきれない気持を持っています。

思い出。故山田耕雲さんが学生だった頃の展覧会準備の折、渋谷から本職の屋台を買占め、お酒も鍋ものも一切、先生・学生総てで楽しみ、その後最高の力を発揮。あの時の結束の強さは凄かったと実感しました。

真剣な遊び心の強さ。本当にいい時代の桑沢でした。

（※）当時の社会科教育は、戦後間もなくから導入されたとはいえ、未だ、家庭科・技術科の教育課程とも未分化だった。社会科事典項目にも、生産技術や製品・材料などの記載もあり、マーケティングなどに進んでいく集約的で総合的なカリキュラムの必要性を、事典のまとめに対する所説として、当時の社会科教育の最高権威の方が書かれた教育総論のようなカリキュラム論が記載されていたと記憶しています。

平野久

ひらの　ひさし

●ビジュアルデザイン分科会

研究所に入学当初、各教員から聞かされたことですが、誰が主導者だったか、浜口隆一さんではないでしょうか、百貨店の商品観察を強く奨励されたものでした。今となっては、その記憶もおぼろですけれど、唯一つ例外的に鮮明な記憶があるんです。確か新宿の伊勢丹の各階を巡っているうちに、薄ぼんやりとしたショウケースが、異様な吸引力で私を引き込むことを覚えたのでした。それが桑沢洋子の主催する桑沢デザイン工房による、働く婦人のための服装の提案の数々だったんですね。ベージュと白を基調とする組み合わせの様々は、いずれも細身のシルエットで、パンツが多用され、重苦しい労働着とは隔絶した、軽やかさに溢れていました。それらは一見して抑圧された労働からの解放を訴え、未来に開かれた地平を確かなものとして目指していたのだと、はっきり受け取れました。教育者の理念と実践者の日常が調和並行して見えたものでした。こうした教育は暁の星ほど数少ないのではないでしょうか。

研究所の構内にあった工房は、やがて姿を消しました。工房の理念と現実との歩調があわなかったのではないでしょうか、残念なことでした。制服の思想が嫌われていることは事実です

Hisashi Hirano

が、桑沢洋子が目指した軽くて着易く働き易い仕事着への要求は、現代でも命脈が尽きたとは思われないと思いますがどうでしょう。今でもなお、先進的な考えではないでしょうか。この方面での、桑沢洋子の評価がないがしろにされていることを憂います。五十年もの歳月を経ても、良き芽が充分に発芽しなかったことを、両肩を落として、頭をたれるのです。

早稲田に在学中、グラフィックをやりたいと思って、桑沢に行ったんです。桑沢から給料もらい始めたのが三十歳。教員として採用されても、初めの三年は研究員で授業は持たず、大辻清司先生についたんです。大辻さんの写真は、俺は写真だぞと絶叫していないんですよ。ぼんやり見過ごしてしまう細部に工夫、非日常性の出現が捉えられていて、それは画面の細部にだけではなくって、画面全体が細部であることさえあって、ひっそりとしずまりかえっていました。大辻さんの根底には、日常性の中に予期することもなく現れる、非日常性の捕捉があったのだと思います。大辻さんにとって、カメラは摩訶不思議な実験装置であって、それによって、必然的偶然との邂逅を生涯愛し続けられたのではないでしょうか。

大辻さんは、生徒一同に画一的な課題は出されなかった。生徒一人一人が課題を設定するわけです。自分がよく見知っているつもりで「我が町」としましょうか。ところが町の上っ面をかい撫でているだけで、人の存在が透けて見えてこないんです。眼でみることと、レンズが見る眼は恐ろしいほど隔たっていることに気づかされるには、暫く時間がかかりますね。おずおずと提出した課題に、しばし目をおとしていた大辻さんは「汚いものを汚いままに提出してどんな意味がありますか」とポツリと言われただけでした。後も先もない。これを理解するにも相当の時間が必要だったな。

大辻さんが研究所に招かれたのが昭和三三年。同じ年、目島計一さんが加わられました。創立時の石元さん以降の一大エポックとして捉えることができると思われますね。なにしろ全く相異なったお三方が、同じ土俵上で、揃い踏みなんですから。目島さんの写真は戦後、度々カメラ雑誌に掲載されましたが、そのうちの一点を私は忘れ得ないでしょう。タテ長の画面は、小雪が降った直後で、全景薄ら寒く曇っている。その中心のタテ四分の一ほどの大きさに、題名となったおっさんが、薄いどてら姿で、焼酎の一升瓶をかしげて佇んでいる。今となっては時代も推しはかれ、寒々としてなお心温まる作品になっています。写真は今しか撮れないものだとも教えられます。

目島さんは、リビング二年のビジュアル系生徒全員に写真の基礎教育を担当されましたが、課題はいずれも虚をつかれるような、破天荒なものでした。有名な一例を示しましょう。白い鶏卵と石炭の塊を並べて、白はあくまでも白く、黒は輝きを失わずに黒く撮れ、と。四十余年も以前のことです。カメラに接写機能はありません。露出計を持つ少数派とてすべて反射光式です。ない知恵を絞って、絞りを変え、シャッタースピードを変え、石炭と鶏卵の位置を変え、ライティングに工夫をこらしたり。結果は、ほぼ全員及第に程遠いものでしたが、課題にまじめに取り組んだと認められれば合格点が頂けるのでした。けれども提出期限に対してだけは一様に厳しかったですね。目島さんとしては、全員が写真家になるわけではなく、写真を使う側に立つ者が大多数であることは先刻ご承知でした。写真を撮ることは、それ程容易なことではないことを知った上で、デザイナーは写真家に、写真家はデザイナーにそれぞれ尊敬の念を持ってもらいたい、よい仕事はそこに発する。目島さんの思いはそこにあったのだと確信させて戴きたい。いわば、目島さんの写真に対する気迫に、我々生徒がいかに立ち向かったかが、各々の自覚の濃淡を決めるのではないでしょうか。

矢沢宏司

やざわ　ひろし

●ビジュアルデザイン分科会

「桑沢デザイン研究所の二五年」誌にテレビジョンの話を例えて書いたことがあります。話は、カラーテレビが市場に出始めた時代の頃と思います。「将来は小型で、折り畳んでポケットに入れられるものとか、また機能を多く持った大型になるのではないか」と、桑沢の教育の将来と関連させて話をしたことがある。それから半世紀を経た現在の桑沢デザイン研究所はどうであろうか。

デザインの言葉自体が新しく感じる時代でした。デザインに興味を持ち始めた頃『リビングデザイン』という雑誌が目にとまり、桑沢を紹介した記事に興味をひかれて、青山の木造の校舎で講義を受けたのがそもそもの始まりでした。桑沢デザイン研究所の校舎が、青山から渋谷の現在地に建設された昭和三三年に、数名の卒業生とともに、授業運営のスタッフとして入所しました。校舎の周辺には現在のようなビルはなく、隣の神社の笛や太鼓の音が聞こえる静かな環境でした。

桑沢デザイン研究所は、デザイン全般の教育を専門とする最初の学校でもあり、授業を担当

Hiroshi Yazawa

される先生方は、当時の各界を代表される方々でした。デザインの経験の少ない我々（中には既にそれらの職業に就いている人もいました）には大変興味のある授業内容でした。一例を挙げると、「リビングデザイン科」一年目の基礎コースは、週四日授業で、内容としては「構成（平面・立体・構造など）・色彩・表現実習・生活空間・造形教養・英語など」で、それぞれの授業ごと、毎日課題が出されるのは現在と同じと思われます。専門的な実習となると、先生から半分、専門を経験した同僚から半分を教えてもらうような状態でした。創立初期には一クラスの時間表として、二週間ごとにわら半紙にガリ版刷りの時間表が配られていました。このような設備の何もない環境で、試行錯誤を繰り返しながら、授業が運営されていました。

また授業だけでなく、教室外の体験として、各専門コースの見学は数多くありました。全校学生が数台のバスを連ねて都内の建築・施設などの見学。全校夏の湘南海岸での水泳大会。その他少人数の利点をいかし、各コースの研究科の研修旅行がありました。研修旅行はこれも例を挙げると、「東北の紅花染め民家、和紙の制作工房、南部鉄瓶工場、長野の染めと織工房、上松の絞り染め、郡山八幡の藍染、奈良天理の美術館、今井町の昔の家屋など」その他、専門コースと直接関係ない内容を見学し体験するなど、現在の組織ではできない面白さもありました。学生にとっては、授業と違った印象深い思い出として残ったことでしょう。

当時はカリキュラムや表現方法にも、現在のコンピューター時代とは雲泥の差があり、学ぶ学生も現役からの入学は少なく、年代も高くまちまちでした。教える先生も大変であったことと思います。このような創立当時の基本は、「桑沢デザイン研究所の二五年」誌にも記されていますが、桑沢先生のデザインに対する深い思いと、研究所の専任の教職員、非常勤の先生方の大変な協力に支えられて運営され、研究所のデザイン教育の基礎が、固められたことになったと思います。桑沢先生は、大学紛争の頃に体調を崩され、研究所に出られないようになりました。当時、教務部長の職務上、何回かご自宅にお邪魔して指示を受けました。東京造形大学学長と、桑沢デザイン研究所所長を兼任され、その多忙さと心痛は、大変なことであったと思います。

桑沢デザイン研究所は、初期には渋谷の繁華街の外れにある場所でした。しかし駅からの通学の途中には、デパート、美術館、道具や資材店、区役所、放送局、運動施設、劇場、映画館、公園、神社、商店街等々があり、都会として刺激のある最先端の環境は、一般的な教育の場としては相応しいとはいえないが、デザイン教育の場としては、最先端のものが毎日目に入り、体験できる面白い場所でもあったわけです。

しかし平成になり、学生も増え渋谷の土地では手狭となり、研究所の将来に対して、内外から改革の必要性が指摘されました。同窓会からの支援もあり、所長の強い要請もあって、多くの知恵と努力を集積した将来計画も完成間近でしたが、内外の事情により実現しませんでした。その十年後、創立以来半世紀を経て、現在の新しい校舎が建設され、再び桑沢デザイン研究所の新しい将来が始まろうとしています。建物だけでなく、内容も将来に向けて輝かしいデザイン教育の場として、展開されることを希望します。

Yaeko Yanome

矢野目八重子

やのめ　やえこ

●ドレスデザイン分科会

在職中は自分自身のすべてをその技術指導に集約しようとしたように思います。生徒さん方が教養科目も造形科目も熱心に学び、やがて職業人として社会人として自立できるようにと願いました。

第二次世界大戦が終結した時二十一歳であった私は、自活する必要にせまられて洋裁教師の道を選びました。三年後上京、紹介状もなしに伊藤茂平先生の御自宅、森英恵さんの仕事場を訪ねました。まことに真剣な先生選びでしたがすぐ迷うことなく『婦人画報』に問合せて桑沢先生の学院をさがしあてました。そこではじめてお会いした時、先生のお人柄からでしょうか、それこそざっくばらんにお話ができてその後ずうっと御指導をうけることになりました。先生は何とか私の生活がたつようにしてやりたいととても気をつかって下さいました。それで三年間の課程がすむかすまないうちに、婦人民主クラブの市谷洋裁店のカッターに推薦して下さいました。そこで数人の縫子さんの指導をかねて、ドレスデザインは縫製技術を欠いてはなりたたないことを痛感した私を、先生は姉上の桑沢かね子先生の工房で二年働かせた後、たのまれ院長をしておられた三田のスザンナ学院の教員に採用、その二年後に創設間もない青山の教員にされました。基礎クラスのカリキュラムつくりに、そのころの有名洋裁学校を訪問するところからはじまりましたのが、やがてYMCA、小西六労働組合の洋裁教室の他、多方面からの講習会の依頼があるようになり、どこにでも出向いて働き、先生と話し合うことが私の勉強になりました。研究所の展示会、ファッションショー、講習会には、関西、九州、北海道からも申込みがあり、人があふれるようでした。

桑沢先生の工房は優秀なスタッフが揃っていて、ドレスデザイン科の重要な実験研究室でもありました。学校のスタッフもまた直接先生に指導されて実によく働きました。皆情熱的だったともいえます。私は先生との外出も多くなり、数日の出張旅行にもお供しましたが、その都度そのジャーナリストとして鋭い視線に驚きました。そういう華やかな仕事のもう一面に中学教科書という地味な執筆にも真剣な先生で、お手伝いの私が、もう下着の項あたりであきれて他に人がいないのを幸文句をいいましたら叱られました。「こういう仕事こそ大切なのだ」と。卒業生のための求職活動でデパートの人事課めぐり、海外への留学生のための「五省めぐり」という官庁まわり、すべて先生の指示で動いたわけですから深夜まで御一緒することも多く、日付けの変るころ琥珀色のグラスを持った先生からはアイデアがつぎつぎと出るのでした。しかし私はその長い年月にお酒に乱れた先生を全く知りません。そういうけじめはしっかりしておられました。

蓼科に小さい山荘をもたれたのもその頃でしょうか。毎年、先生方、スタッフをつぎつぎ招かれて楽しい数日をすごしました。何事も御自分一人のためということがおできにならなかったのです。常にこまやかな気くばりがありました。

研究所はその後想像できなかった程の大世帯となり、教務の仕事も増え、会議などにも多くの時間をとられるようになりましたが、私は相変らず自分の仕事に責任さえもてば佐藤（忠良）、朝倉（摂）先生のデッサンはじめ各科目を生徒さんと一緒に学ぶことができました。外部の展覧会、講習会、講演会にも実によく出かけました。先生が洋裁の名人塙経亮先生をぜひ講師として招きたいと願われた時は、まず大空（淑子）先生と私が塙先生の私塾の夜間部へ通い、その明快な技術指導をうけました。私はこうして在職中もずっと桑沢先生に教育されていたといえます。先生のすぐれた美の感覚については周知のことですが、尚、天成の教育者としての心の美しさがありました。研究所には桑沢先生はじめ先生方の志の高さが大月さんたち用務員の方にも及んでいたような気がします。そういう平等の雰囲気がありました。

桑沢洋子——デザイン教育活動関連略年譜

明治四三年（一九一〇）	○歳	東京市神田区東紺屋町に生まれる。
昭和　八年（一九三三）	二三歳	川喜田煉七郎主宰「新建築工藝学院」（昭和六年に「建築工藝研究所」として設立）夜間部に入学、後に川喜田の斡旋で雑誌『住宅』編集に参加する。
昭和一一年（一九三六）	二六歳	『婦人画報』別冊付録「生活の新様式」（昭和一二年一月号）編集に参加する。
昭和一二年（一九三七）	二七歳	『婦人画報』編集部員になる。（昭和一七年まで）
昭和一六年（一九四一）	三一歳	「桑沢服装工房」開店準備のため「イトウ洋裁研究所」に入所する。
昭和二一年（一九四六）	三六歳	桑沢式「製図の本」（『婦人画報』別冊「夏の家庭着と外出着」「冬の家庭着と外出着」）が刊行される。
昭和二二年（一九四七）	三七歳	『婦人画報』の依頼により、読者サービスのための「無料服装相談」を担当する。

昭和二三年（一九四八）	三八歳	「多摩川洋裁学院」院長に就任、「日本デザイナー・クラブ」（NDC）創設に参加する。
昭和二四年（一九四九）	三九歳	「ニュースタイル学院」院長に就任（昭和二六年まで）、NDC第一回ファッションショウを開催する。
昭和二五年（一九五〇）	四〇歳	「多摩川洋裁学院」内に「K・D技術研究会」（桑沢ドレスメーカー技術研究会）が発足する。
昭和二七年（一九五二）	四二歳	『婦人朝日』企画の「全国服装相談室」を開始、女子美術短期大学服飾科講師となる。
昭和二九年（一九五四）	四四歳	四月、「桑沢デザイン研究所」（KDS）設立（港区青山北町）。 設立時の組織は次の通り。 院長：桑沢洋子　教師：橋本徹郎　佐藤忠良　朝倉摂 桑沢かね　松本好美　矢島みさ子　講師：東昇　石山彰 勝見勝　金子至　神之村黒白子　清水幾太郎　清家清 高松今男　丹野郁　林進　渡辺力 　I部（昼間部）　ドレスデザイン科（一年制） II部（夜間部）　ドレスデザイン科（一年制） 　　　　　　　　リビングデザイン科（一年制）

昭和三一年（一九五六）　四六歳
六月、造形学校「バウハウス」の初代校長ヴァルター・グロピウス来所。
I部（昼間部）ドレスデザイン科二年設置
　クラス：デザインクラス／技術クラス
II部（夜間部）二年を設置
　クラス：デザインクラス
同II部　リビングデザイン研究科設置

昭和三二年（一九五七）　四七歳
一〇月、バスによる第一回校外授業「東京デザイン散歩」を実施する。
一二月、学校法人　桑沢学園認可、法人組織となる。

昭和三三年（一九五八）　四八歳
四月、桑沢デザイン研究所、渋谷区北谷稲荷（現神南）に新築移転。

昭和三四年（一九五九）　四九歳
四月、I部（昼間部）ドレスデザイン研究科（三年次）設置

昭和三六年（一九六一）　五一歳
四月、II部（昼間部）リビングデザイン科（三年次）設置

昭和三八年（一九六三）　五三歳
創立十周年記念行事記念誌「桑沢デザイン研究所十年の歩み」刊行。

昭和四一年（一九六六）　五六歳
四月、東京、元八王子に「東京造形大学」を開学する。

昭和四五年（一九七〇）　六〇歳　二月、桑沢全共闘が玄関前でハンストをおこなう。

昭和四八年（一九七三）　六三歳　一一月、長年の教育活動の功績として藍綬褒章を受章する。

昭和五一年（一九七六）　六六歳　一二月、専修学校認可を得て校名を「専門学校桑沢デザイン研究所」に改称する。

（正式名称：学校法人桑沢学園　専門学校桑沢デザイン研究所）

昭和五二年（一九七七）　四月一二日、桑沢洋子逝去、享年六六歳。

平成　五年（一九九三）　東京造形大学、八王子市宇津貫キャンパスに移転する。

平成一七年（二〇〇五）　二月、専門学校桑沢デザイン研究所、新校舎が完成する。

四月、東京造形大学大学院開設。

年譜作成にあたっては、
専門学校桑沢デザイン研究所図書室のご協力をいただいた。

◉桑沢洋子・デザイン教育活動関連略年譜参考文献

『ふだん着のデザイナー』 平凡社●一九五七／桑沢学園●二〇〇四／桑沢文庫1
『桑沢洋子随筆集・遺稿』 桑沢学園●一九七九
『桑沢デザイン研究所十年の歩み』 桑沢デザイン研究所●一九六三
『専門学校 桑沢デザイン研究所の二五年』 二五周年記念実行委員会編／専門学校 桑沢デザイン研究所●一九八三
『創立三十周年を迎えて』 専門学校 桑沢デザイン研究所●一九八四
『専門学校 桑沢デザイン研究所 就学案内』 一九六〇年以降
『桑沢デザイン研究所 入学案内』 桑沢デザイン研究所●一九五四―一九七五
『専門学校 桑沢デザイン研究所 学校案内』 専門学校 桑沢デザイン研究所●一九七六―一九七七
『「桑沢」草創の追憶』 高松太郎＝著 桑沢学園●二〇〇四／桑沢文庫2

おわりに

桑沢デザイン研究所は、多くの方々の温かいご支援とご協力を賜り、誕生してから五十年の歳月を重ねてまいりました。

その間、創設者桑沢洋子先生をはじめ多くの方々が黄泉の国へ旅立たれました。お偲び申し上げ心からご冥福をお祈り申し上げる次第です。

我が国のデザイン運動の黎明期にあって進取の気概と不屈の精神をもって、桑沢デザイン研究所のデザイン教育に情熱を傾注された先達を訪ねて、そのご功績と当時の想い出や示唆に富んだ貴重なご意見やエピソードなどを伺い記録に留め、桑沢文庫として出版することを企画いたしました。

ご多用中にもかかわらず取材を快くお受けいただきました諸先生方には、重ねて御礼申し上げます。

Kazuyuki Oda

取材及び編集には、東京造形大学の沢良子助教授と桑沢デザイン研究所図書室の伊藤瓔子さん、ポートレート撮影は三浦和人先生にお願いいたしました。ご協力に深く感謝申し上げます。取材対象者は、桑沢デザイン研究所創立十周年記念式典の資料を参考にしてリストアップして、インタビューもしくは寄稿をいただく方式で取材させていただきました。

平成一八年（二〇〇六）には東京造形大学が創立四十周年を迎えます「桑沢」の拓け行く歴史に思いを馳せて、「桑沢」の歴史認識を共有する縁となることを願ってやみません。

平成一七年三月

学校法人桑沢学園　理事長　小田一幸

桑沢文庫・4

桑沢洋子とデザイン教育の軌跡

二〇〇五年五月三〇日　第一版第一刷発行

編者――沢　良子
撮影――三浦和人
ブックデザイン――太田徹也
発行者――小田一幸
発行所――学校法人　桑沢学園
一九二-〇九九二　東京都八王子市宇津貫町一五五六
電話　〇四二六―三七―八一一一　ファックス　〇四二六―三七―八一一〇
発売元――株式会社　そしえて
一〇二-〇〇七二　東京都千代田区飯田橋四―八―六日産ビル
電話　〇三―三二三四―三一〇一　ファックス　〇三―三二三四―三一〇三
印刷・製本――東京書籍印刷　株式会社

ISBN-4-88169-163-5 C3370